Siegfried Kawerau

Stefan George und Rainer Maria Rilke

SEVERUS Verlag

ISBN: 978-3-95801-215-8
Druck: SEVERUS Verlag, 2015

Der SEVERUS Verlag ist ein Imprint der Diplomica Verlag GmbH.
Bibliografische Information der Deutschen Nationalbibliothek:
Die Deutsche Nationalbibliothek verzeichnet diese Publikation in der Deutschen Nationalbibliografie; detaillierte bibliografische Daten sind im Internet über http://dnb.d-nb.de abrufbar.

Siegfried Kawerau

Stefan George und Rainer Maria Rilke

IN ERINNERUNG AN
FRAU MARIE KAWERAU
IN STARGARD

SIEGFRIED KAWERAU

STEFAN GEORGE UND RAINER MARIA RILKE

STEFAN GEORGES DICHTUNG „DER SIEBENTE RING"

I

GEORGE EIN SENTIMENTALISCHER DICHTER

In seiner bekannten Literaturgeschichte zieht R. M. Meyer einen feinsinnigen Vergleich zwischen Hofmannsthal und George. Er bemerkt (II, 378): „Neben Stefan Georges Objektivität erscheint Hofmannsthals Subjektivität ‚sentimentalisch' im Sinne Schillers ... Seine (Hofmannsthals) Rhythmen sind weicher, seine Reime kommen uns bekannter entgegen, und zuweilen klingen seine Verse wie die Erinnerung an Feste, die wir selbst erlebt zu haben glauben."
Dieser Versuch, das Verhältnis der Objektivität zur Subjektivität, des Naiven zum Sentimentalischen, schon nach dem Wortklange beurteilen zu wollen, erscheint einleuchtend, ist aber Trugschluß. Das ist rasch an einem Beispiel zu zeigen: Schillers Pathos und Prunk wirken härter und kälter als die stille, weiche Sprache Goethes, und doch ist die Sentimentalität bei Schiller und die Naivität auf seiten Goethes. Es wird sich vielleicht als ein Gesetz zeigen lassen, daß der sentimentalische Dichter, trotz gewaltsamer Bemühung, für das feinere Ohr nie die Innigkeit und Unmittelbarkeit erreichen wird wie der naive. Auch Hofmannsthal dürfte kaum im Sinne Schillers als sentimentalisch anzusehen sein; ist ihm auch häufig der Gegensatz zwischen Ideal und Leben Problem seiner Dichtung, so ist der Charakter des Dichters ganz anders einfach-eben als der abgrundreiche Georges.
George ist ein sentimentalischer Dichter im Sinne Schillers. Schiller definiert in der Schrift „Über naive und sentimentalische Dichtung" den Begriff des sentimentalischen Dichters: „Dieser reflektiert über den Eindruck, den die Gegenstände auf ihn machen, und nur auf jene Reflexion ist die Rührung gegründet, in die er selbst versetzt wird und uns versetzt. Der Gegenstand wird hier auf eine Idee bezogen, und nur auf dieser Beziehung beruht seine dichterische Kraft. Der sentimentalische Dichter hat es daher immer mit zwei streitenden Vorstellungen und Empfindungen, mit der Wirklichkeit als Grenze und mit seiner Idee als dem Unendlichen, zu tun, und das gemischte Gefühl, das er erregt, wird immer von dieser doppelten Quelle zeugen."

Es wird sich nun darum handeln, diesen Begriff des Gegensätzlichen als Leitmotiv der Georgeschen Dichtungen zu zeigen. Hierfür ist es wesentlich, ob es sich erweisen läßt, daß dieser Gegensatz nicht nur im Problem, sondern in der Person des Dichters liegt. Vielleicht wird er dem Dichter selber nicht einmal immer zum Bewußtsein kommen.

Das erste Buch des „Siebenten Ringes" trägt die Überschrift „Zeitgedichte". Es sind 14 Gedichte, die meist den Gegensatz einer bedeutenden Person zur Umgebung darstellen. Der Dichter selber, Dante, Goethe, Nietzsche, Böcklin, Leo XIII., Karl August und andere — sie werden scharf kontrastiert gegen den Hintergrund der Allzuvielen, der Kleinen, gegen den „gemächlichen Troß auf gebesserten Wegen hinter des Fürsten Einzug". Wenn sich aber in diesem Zusammenhange Gedichte finden, die römische Kraft und heutige Schlaffheit vergleichen, die an mittelalterliche Größe gemahnen, die den Fluch öder Geschäftigkeit und schalen Reichtums, der schließlich betteln geht, darstellen, dann gewinnen alle diese Gesänge einen gemeinsamen Klang: es ist der Ton der Sehnsucht nach wahrer Kultur. Echte, erlauchte Kultur wird gegenübergestellt dem Scheinwert der Zivilisation, die nur allzuoft durch die Benennung „Kultur" täuschen soll. Der Dichter stellt seine eigene Person an den Anfang und Schluß dieses Liederkreises und endet mit den Worten: „Ich euch gewissen!" So ist die Absicht klargelegt: er trägt die Dissonanz seines Sehnens und des begleitenden unreinen Zeitchores wie eine Qual, er zeigt die gleiche Dissonanz beim Reflektieren über das Schicksal aller Echten, Ganzen, er hofft auf eine künftige Harmonie. Er ist gebeugt von der staubigen Last der Zeit, er blickt kühn in die Unendlichkeit des Seins: „Mit wüsten wechseln gärten." Wird im ersten Buche das Gegensätzliche sinnfällig schon durch die Namen bekannter Männer und Völker gegenüber den unbekannten Vielen ausgedrückt, ist also das Wesentliche an der Persönlichkeit eines Menschen, eines Volkes sichtbar gemacht, so bewegen das andere Buch „Gestalten" allgemeinere und dunklere Gedanken.

Der Dichter schafft Gestalten, die frei vom Zeitlichen, vom Kolorit des Jahrhunderts reine, unbedingte Träger des Problems sind. Sie sind so sehr nur Ausdrucksmittel, Kunstform geworden, daß man sagen darf, hier ist die Kultur selber in ihre bewegenden Kräfte auseinandergelegt, die gegeneinander streben. Der Dichter führt weiter: er hat den allgemeinen, noch nicht allzu genau begrenzten Vorwurf gefühlsmäßig faßlich gemacht im ersten Buch durch Farbe und Kleid; jetzt fällt das Gewand, die nackten Glieder sind sichtbar, und die Ringer kämpfen.

Ein Lied vom Kampfe zwischen Licht und Dunkel eröffnet den Reihen; von wahrem, stillen Führertum kündet das nächste, vom Geschenk echten Festtagslichtes, von „des Sonntags Trauer" glüht das dritte.

Von der Tragik des Prophetentums vor dem Erfüller, von der Tragik eines Todes, der Sensation wird im abgestandenen Leben, von der Tragik eines reichen Lebens, dessen Frucht nicht dem Erlebenden, sondern dem schauenden Anderen, dem Dichter, wird, von solcher Tragik verfeinerten Fühlens reden die drei folgenden.

Das Lied vom Festrausch, vom selbstvergessenen Überschwang, der aufbäumt und sich überschlägt, schließt diese Gruppe und bindet.

Ein neuer Dreiklang. Lockend singen die Gefahren: Lust am Ekel, Glut der Unnatur, die die Weltgesetze beugt; Sühner werden die Erwählten.

Falsche Erlösung durch Trug naht; schon ist geboren der Held, der die Feinde in den Staub drückt; einen Eid schwören die Unbedingten, und das neue Reich beginnt. So endet der Chorus.

Man wird auch hier das Gespaltene, das gegeneinander Gewendete des Themas fühlen. Von den Gefahren, Ängstungen, Verirrungen, von der Überwindung, von dem Siege kündet das Ganze. Aber auch im einzelnen ist ausgesprochen oder heimlich als Unterton das Gegensätzliche zu hören.

Die Beziehung auf die Kulturidee gibt beiden Büchern ihr Gepräge. Die begrenzte Wirklichkeit und die unendliche Idee liegen im Streite. In dem Sehen und Sehnen des Dichters liegt die Disharmonie, die Sentimentalität.

Das dritte Buch „Gezeiten" zeigt einen etwas anderen Charakter als seine Vorgänger. Es ist reicher in der Wortwahl und Verbindung, es ist getragener und inniger. Dem entspricht der Inhalt, der von der Liebe des Dichters handelt. Alle Melodien der Lebensfreude und -klage werden laut, in raschem Crescendo geht es aufwärts durch Jubel und Hoffen zur Erfüllung; aber mitten im höchsten Aufjauchzen der Erfüllung ein leiser Zweifel, mitten im grenzenlosen Einen der Zwiespalt. Wieder ist es wie ein Chor von 21 Frauen, siebenmal zur Dreizahl geordnet. Die ersten Lieder voll Hoffnung und Jauchzen, die andern voll mittäglicher Glut und Spannung, die nächsten schon voll Trennungsschmerz und Trauer, vom zehnten bis zwölften Gesang klingt Entsagen und Kraft. Doch so schnell lassen sich die tiefgewurzelten Leiden nicht heben, trotz aller Hingabe an Erdkraft und Frühlingsrausch quält das Erinnern, und in drei weiteren Liedern tönt von neuem die Klage. Der letzte schließende Reigen trägt alle Schmerzen empor zur Läuterung, der Geist

ist durchglüht und aufgenommen wie ein Strom im Weltmeer von Lust und Leid, er kündet mit hohen Worten den Preis der reinigenden Liebe.
Die höchste Idee von der erfüllenden Liebe und die Erkenntnis von der Unzulänglichkeit des Wirklichen, das sie darstellen soll, ist die Bitternis dieses Buches, und die Überwindung dieses Schmerzes durch Erhebung zu höheren Gewalten ist die Verklärung dieses Buches.
Das vierte und mittelste Buch „Maximin" bildet wiederum mit dem vorigen eine engere Einheit. Von der Gestaltung der Liebe zur Formung des höchsten Freundschaftsgedankens. Hier ist der Zwiespalt zwischen Wirklichkeit und Idee in ähnlicher Weise verfeinert, wie im zweiten Buch das Kulturproblem. Die Qual der Enttäuschung in der Wirklichkeit ist von vornherein genommen durch den frühen Tod des Geliebten. Und so wird Erfüllung gesehen in dem, der doch selber sich noch nicht erfüllt hatte, nicht ausgereift war, als Jüngling schied. Von der Erfüllung im Unerfüllten handelt dies Buch. Das ist die geheime Dissonanz, das Antinousproblem, das unsere Zeit mit der Zeit Hadrians gemeinsam hat. Zu einem sichtbaren Gegensatz, der nicht im Problem selber liegt, ordnet der Dichter im weiteren das Spiel durch stärkste Gegenüberstellung des Freundes zu ihm selber und seinen Genossen. Das wird so weit getrieben, daß der Verstorbene zum Messias, zum Gotte erhoben wird. Und der Dichter, sein Jünger, wird von seinen Trübungen befreit durch die erhellende Kraft des Meisters, der noch seinen Tod zum Feste formt. Aus dem Jüngling, den der Dichter einst wie einen Sohn liebte, ist der verklärte Messias geworden, zu dem er in geheimnisvoller Erhebung verzückt wird.
Das Sentimentalische dieser Beobachtungsweise ist deutlich, die Umwertung des Unerfüllten zum Vollendeten und des Todes zum Leben. „Der Inhalt der dichterischen Klage kann also niemals ein äußerer, jederzeit nur ein innerer idealischer Gegenstand sein; selbst, wenn sie einen Verlust in der Wirklichkeit betrauert, muß sie ihn erst zu einem idealischen umschaffen. In der Reduktion des Beschränkten auf ein Unendliches besteht eigentlich die poetische Behandlung." (Schiller)
Das fünfte Buch „Traumdunkel" zeigt schon im Eingang die Abkehr von der Bestimmtheit der sonnbeglänzten Wirklichkeit: „Welt der gestalten lang lebewohl!" Und doch ist das Problem dieser Gedankenkette scheinbar ein naives; kein Teil des Werkes führt so aus der übersinnlichen Welt in die Erscheinung, die Landschaft. Aber wie wird die Landschaft empfunden! Es ist nicht das ruhige Erfassen

des spezifischen Gehaltes der Umwelt, nicht das Wirkenlassen der Natur auf ein zur höchsten Aufnahme vorbereitetes Herz, nicht das Nachschaffen an sich, sondern der Dichter sucht die seinem Innern entsprechende Landschaft in der Außenwelt. Sein trüber Sinn verliert sich im herbstlichen Walde (V, 3), sein entzückter genießt das Gold des Oktobers (V, 4), die Wehmut des Abschieds macht die Gipfel der Gebirge kalt und starr (V, 5), er löst sich träumend auf im Dunkel (V, 6), Rosen werden ihm zum Sinnbild von Glut und Trauer (V, 8), und Bergeslust und -schrecken sind Träger seiner Verzückung (V, 11). Die Einheit zwischen Dichter und Natur ist also geschwunden, die Möglichkeit, jeder Wirklichkeit gerecht zu werden, nicht vorhanden, die Natur wird gesucht, und zwar eine bestimmte, zum Ich passende, die dem Ich homogen ist. „Der Dichter, sagte ich, ist entweder Natur, oder er wird sie suchen. Jenes macht den naiven, dieses den sentimentalischen Dichter." (Schiller) Es ist nicht überflüssig, hinzuzufügen, daß das Suchen dieses Dichters keine Gemeinschaft hat mit der Art mancher Kleinen, die mit ihren weltschmerzlichen Gefühlen die Außenwelt drapieren. Hier handelt es sich um anderes: um das Hindurchstrahlen vom Zentrum des glühenden Ichs zum Feuerkern der dinglichen Erscheinung und um das Einsaugen der dinglichen Ausstrahlung in die eigene Feuerseele.
Mit der Steigerung der Gemeinschaft von Mensch und Ding fügen sich auch die übrigen Gedichte in diesen Rahmen, das Ich des Dichters ist erweitert zur Persönlichkeit des Volkes, der Masse, die ihre Landschaft, ihre Umgebung sich formt und wiederum von ihr geformt wird. Da entwickeln sich Kulturgemälde feinsten Reizes wie die „Ursprünge" (V, 2), „Feier" (V, 10), da werden religiöse Stimmungen gezeichnet, die von Wallfahrt und Tempel bedingt sind (V, 12, 13). Märchenhaft matt und seltsam ist der „Verwunschene Garten" (V, 7): ein Traumvolk und ein Herrscherpaar in einer Landschaft, die gegenseitig sich bedingen, wo die grundlose Trauer der Natur in die Menschen gestiegen ist und die Schwermut der Menschen dem Abend purpurnen Glanz gibt. Und in ähnlicher Weise ist das Gleichgewicht gewahrt in den „Stimmen der Wolkentöchter" (V, 9): die feinen luftigen Geister und die Schwere menschlichen Geblüts wirken aufeinander, werden wechselnd gehoben, gedrückt.
Alle diese Wirkungen gebühren aber nicht den Außendingen an sich, mögen sie noch so traumhaft-magisch sein, erst die Gedanken des Herzens geben ihnen Gewalt rückzuwirken auf das Ich. Und tiefes Erkennen wird nicht außen Übel und Heil suchen, sondern wissen: „Alles seid ihr selbst und drinne" (V, 14). Damit verliert die Umwelt die Wirklichkeit und Gleichberechtigung, die ihr der naive Dichter

gibt. Der sentimentalische Dichter schafft sich seine eigene Welt. „Die Übereinstimmung zwischen seinem Empfinden und Denken, die im ersten Zustande (im naiven) wirklich stattfand, existiert jetzt bloß idealisch, sie ist nicht mehr in ihm, sondern außer ihm als ein Gedanke, der erst realisiert werden soll, nicht mehr als Tatsache seines Lebens." (Schiller)

Das sechste Buch mit seinen 28 Liedern scheint sich nicht leicht unter einen gemeinsamen Gesichtspunkt stellen zu lassen. Vielleicht ließe sich das Thema „Gebundenheit und Lösung" nennen, da allen Möglichkeiten von Beschränkung, denen das Ich unterworfen sein kann, nachgespürt wird.

Das Eingangslied soll wohl die Bedingtheit und Verknüpfung der Gestirne zeigen, die sich in freier Fügsamkeit dienen. Die Menschen aber sind unfrei gebunden. Die erste Gruppe von sechs Liedern bringt die Jahreszeiten der Liebe, vom ersten Aufblühen bis zum Erfrieren im Winter: „Dies ist das End." Die nächsten drei sind Worte der verzichtenden Liebe, von Mann, Eltern und Weib. Es folgen drei Schilderungen des Reizes südlicher Landschaft in Lust und Schmerz, dennoch reißt sich der Dichter los und kehrt heim zu dem Zauber der trüben, rauhen Heimat mit ihrer Kraft und Frucht (VI, 14—16). Hier erwachen in ihm Gewalten der Vergangenheit, Erinnerung, Reue, Sehnsucht quälen ihn (VI, 17—19), die alte Liebe blendet von neuem und will niedergerungen werden (VI, 20—22), das zerrissene Herz läßt sich zum Überschwang verleiten, der sich in Dissonanzen löst (VI, 23—25). Der Dichter läutert sich in Bergesklarheit, gewinnt neue Kraft zum Wirken im Alltag und nimmt Abschied von seinen Freunden (VI, 26—28).

Aus dem Gegensätzlichen von Zustand und Ideal wird eine Kraft herausgeboren, die in dem Bewußtsein der inneren Übereinstimmung mit dem Ziel alles Werdens willig die Disharmonien erduldet. Das ist die ungeheure ethische Kraft des sentimentalischen Dichters, das „energische Prinzip, welches den Stoff beleben muß, um das wahrhaft Schöne zu erzeugen." (Schiller)

Wir sind am Ende. Es bleiben nur zu erwähnen 70 Tafeln oder kurze Worte über Personen, Kultur, Kunst und Kunststätten, kritisch zur eignen Zeit und zum eignen Werk. Die ethische, kulturpädagogische Tendenz dieser Sprüche schließt sie vollwertig als siebenten Ring an die übrigen sechs. Auch diese Art gehört zum Wesen eines sentimentalischen Dichters, der die Wirklichkeit wertend und mahnend am Ideal mißt.

Alle diese sieben Ringe bilden an sich und im Ganzen gesehen eine seltsame Einheit, scheinbar die Einheit eines rechnerisch-grübelnden

Komponisten, in Wahrheit eine jener seltenen Harmonien, die jedem Glied eigenstes Wachstum, jeder Form letzte Ausreifung gestatten, Harmonien, wie sie nur der gesternte Himmel und das endlos wogende Meer besitzen, an denen wir die spröde Besonderheit und Willkür der Einzelform und den wie von Ewigkeit vorbestimmten Zusammenklang aller zum brausenden Weltchor bestaunen.
Die Strenge und Größe dieser Kunst ist nicht ohne Vorbereitung. Schon die Aufschrift des letzten Buches mahnte an die Votiv-Tafeln Schillers. Es lag schon manches Mal nahe, verwandter Aufgaben in Schillers eignen Gedichten zu gedenken. In dieser reinen Ausprägung sentimentalischer Art finden sich wohl wenige Dichter gleicher Bedeutung. George ist der Schiller unserer Zeit. Liegt es bei der gleichen treibenden Kraft beider Dichter schon nahe, daß sie auch ähnliche Probleme gestalten, so wird uns eine kurze Abschweifung einige dieser Parallelen vorzuführen haben.
Den pessimistischen Gleichklang bei der Gegenüberstellung heutiger und antiker Kultur teilen Schillers Gedicht „Die Götter Griechenlands" und Georges „Porta Nigra" (I, 6) und „Ursprünge" (V, 2). Die Entwicklung der Menschheit aus roher Barbarenfurcht zu freier Götterverehrung zeigt Schiller im „Eleusischen Fest" und George in seiner „Feier" (V, 10). Dieses Stück ist besonders geeignet, den Unterschied moderner und klassischer Kunst deutlich zu machen. Zunächst ihr Gemeinsames: beide Dichter sind sentimentalisch. Es wird später zu zeigen sein, daß George eine Vorliebe für das Nomen hat, ähnliches läßt sich vielleicht von Schiller dartun. Und doch, welcher Fortschritt von Schiller zu George! Der ganze Aufwand griechischer Mythologie bei Schiller, seine Ausführlichkeit, Verknüpfung und Vollständigkeit. George dagegen stellt einfach zwei Opferfeste mit scharfen Strichen gegenüber in sieben Vierzeilern. Es sind wenige, aber ungemein starke sinnliche Eindrücke, ziemlich unvermittelt nebeneinander. Unverkennbar ist die impressionistische Schulung Georges. Und unmittelbar ist der Eindruck, daß Schillers Lyrik durch das Medium der Reflexion geht, also des taufrischen Wunders williger seelischer Empfängnis entbehrt, während Georges Visionen diesen unnennbaren blendenden Schmelz besitzen, wie ihn nur Gebilde glühendsten Seelenbrandes zeigen.
Endlich wäre im Hinblick auf Schillers „Spaziergang" neben dem ganzen fünften Buch bei George das 26. Lied des sechsten Buches zu nennen:

„Aus dem viel-durchfurchten land,
wo die stimmen lauter, gröber
steigen, sinken im gestöber,
eil ich rück zur bergeswand.

Nach den sälen voll geduft,
nach den gärten dicht und üppig,
wäldern, dunkel und gestrüppig,
steig ich auf in freiere luft." usw.

Entspricht auch dieses kurze Lied nicht dem ganzen Reichtum des Schillerschen Gedichts, so ist die Ähnlichkeit des Leitmotivs unverkennbar.

Schließlich sei, um den Vergleich abzuschließen, die gleiche ethische und kulturpädagogische Tendenz beider Männer hervorgehoben. Vielleicht ist es diese Tendenz, die beiden Dichtern ihre besondere Schätzung bei einem auserwählten Kreise einbringt, vielleicht ist es noch mehr das Beispiel ungeheurer Selbsterziehung (ungeheuer wegen der zu überwindenden Widerstände), die beider Charaktere und Kunst geformt hat, die aufrichtige Verehrung heischt.

II

GEORGES STIL

Ich sprach von den ungeheuren Widerständen. Bei Schiller liegen sie im Leben deutlich und nicht minder in der Kunst. Ein Blick auf seine Jugenddichtung sagt genug.

Von Georges inneren Gefahren redet der Niederschlag in seiner Dichtung eine beredte Sprache. Von den Gefahren seiner Kunst und seiner Formgebung wird bei einer Untersuchung der wichtigsten Prinzipien seines Stiles zu sprechen sein.

Der moderne Lyriker sieht sich vor der schwersten Aufgabe. Der Vorrat an lyrischen Stoffen, an Wortschatz und Gleichnis ist ausgemünzt. Der hohe Durchschnitt unserer Zeitschriftenlyrik macht das deutlich.

Es gibt mannigfache Wege zur Eigenart. Die bequemsten und naheliegendsten sind bereits begangen und muten fast schon veraltet an. Unverlierbar ist die Bereicherung, die seit Annette von Droste durch die impressionistische Sehkunst erworben. Die moderne Wortkunst erinnert an hellenistische Kunst. Die Wege, die nur das Formale aufsuchen, das Entlegenste vom Seltenen, führen abseits, nicht vorwärts.

Die Starken retten sich aus dieser größten Gefahr. Der Meister im Wort, R. M. Rilke, hat sie überwunden. Er hat den größten Schritt vorwärts getan. Als naives Genie wird er jeder Wirklichkeit gerecht; es gibt nun keine speziell lyrischen Stoffe mehr, sondern jeder Kiesel wird Gold in der Hand des Zauberers. Ein Lastwagen, eine Gruppe auf der Straße, ein auf- und absteigender Ball, ein Tiger im Käfig, ein kreisendes Karussell — soviel Dinge und Geschehnisse scheinbar alltäglichster Art nur sind, alle können diesem Meister lyrisches Erlebnis werden. Auch er hat, wie Goethe, eine sentimentalische Epoche durchlebt, bis er heranwuchs zur ungeheuren Freude am Sein der Dinge, da er den Funken göttlicher Abkunft noch aus dem verworfensten Stein schlägt.

Rilke hat formal gearbeitet, hart gearbeitet. Die entzückende Selbstverständlichkeit seiner Assonanzen, Alliterationen, die auch noch seine freien Rhythmen verbrämen, verrät intensivste Selbstzucht. Den eigentlichen Reiz seiner Sprache bildet aber das Gleichnis. Und zwar ein Gleichnis, das so prägnant ist, wie es bis dahin unerhört war. Ein Gleichnis, das auf rein sinnlicher Anschauung beruht, das nicht gestört wird durch die Fülle von Assoziationen und den Geistesreichtum des Dichters. Seine Bilder sind gesättigt von dem Einen, was sie nahe bringen sollen, gebrauchen nicht das Arabeskenwerk überflüssigen Schmuckes.

Hierfür ein Beispiel (Neue Gedichte I, S. 78):

„Die Gassen haben einen sachten Gang
(wie manchmal Menschen gehen im Genesen
nachdenkend: was ist früher hier gewesen?) . . .“

und am Schluß:

„Die Stille . . .
. . . kostet langsam und von nichts gedrängt
Beere um Beere aus der süßen Traube
des Glockenspiels, das in den Himmeln hängt.“

Einem naiven Dichter, der vom Sinnlichen ausgeht, ist diese Fülle vollkommener Anschauung erreichbarer als dem sentimentalischen, der vom Übersinnlichen aus seinen Weg nimmt. Auch der Reichtum an Bildern ist bei dieser Quelle nicht annähernd so groß wie bei jener. Bilder, die durch Ausschmückung und Fortführung einer verstandesmäßigen Erinnerung mitten im sinnlichen Schauen leiden, möchte ich uneigentliche Bilder nennen. Diese sind bei George nicht selten: „Beladen mit der Wucht von welchen Losen hast du der Sehnsucht Land nie lächeln sehn?“

Man fühlt, daß das Wort „Los“ nicht schwer genug ist, den Rücken so zu beugen, daß der Blick nie vorwärts schweift.

Besonders leidet die Anschaulichkeit, wenn das tragende Wort eines Gleichnisses, das mit einer bestimmten Kraft versehen sein müßte, so geschwächt wird, daß statt des kräftig Sinnlichen das Allgemeinere, Unbestimmte die Last zu heben versucht. Dies Streben nach möglichster Kürze, das sich der Dichter in starker Beherrschtheit auferlegt, schadet häufig der Klarheit. Solche Ausdrücke haben noch etwas von der Urfeuchte der Herkunft, etwas von dem wogenden Chaos des Alls, aus dem sie zuckend ausgeschieden wurden. So finden wir etwa: „Es bellt des Volkes Räude“, „lang schweigt neuester Prunk der Tuben“, „der Fluß trübrot von ferner Donner Grimm“. Andere Abbiegungen entstehen durch Verkoppelung ungleicher Werte zu einem Bilde; so heißt es vom Hafen, er ist ein „Mond von glitzernden und rauhen Häuserwänden, endlosen Straßen“. Diese Anfügung des letzten

Wortes schwächt. Ähnlich sagt der Dichter von Böcklin: „Du riefst aus silberluft ... die urgebornen schauer und ... gelobtes land.“ Bei anderen Verbindungen leidet die Schärfe der Vorstellung dadurch, daß ein Beiwort ausmalender Art vom Dichter wirkend gebraucht wird: ein sorgloser Glanz ist kein Glanz, der ohne Sorge ist, sondern einer, der sorglos macht. „Uns mäht ein ödes weh“ will sagen, das Weh mäht uns, nachdem es uns vorher öde und leer gemacht hat. Siedende Mühsal ist eine Mühe, die uns heiß macht. Tod-naher Schweiß ist eine Erschöpfung, die die Nähe des Todes zeigt. Traurige Stufe ist eine Treppe, die zur Trauer, zum Kirchhof hinaufführt. So führt die Umwertung vom Wort der Ruhe zum Wort der treibenden Kraft; von der treibenden Kraft zu dem Zustand, in dem sich die Kraft ausgewirkt hat, ein Gebrauch, der auch in der Umgangssprache vorkommt. Ganz gewiß leidet die plastische Klarheit unter dieser schillernden Sprache, doch trägt sie als Gewinn Atmosphäre und Wärme, Mitklang dunkler Saiten, den weiten Mantel der Unter- und Obertöne: hier Einbuße an sinnlicher Schaudeutlichkeit, dort Bereicherung an Gefühlswerten.

Nicht alle Gleichnisse sind in ähnlicher Weise schwach an der Abstraktion, wie ich versucht bin, diese Art zu nennen, nicht so hochgehoben in sinnenfernes Spielen der Visionen. Es gibt auch wunderbar taufrische:

„Anemonen ...
sind wie seelen, die im morgengrauen
der halberwachten wünsche und im herben
vorfrühjahrwind voll lauerndem verderben
sich ganz zu öffnen noch nicht recht getrauen.“

Und das schönste:

„Mitten beginnt beim marmornen male
langsame quelle blumige spiele:
rinnt aus der wölbung sachte, als fiele
korn um korn auf silberne schale.

In der höchsten Ausreifung ähneln sich also die Gleichnisse des naiven und sentimentalischen Dichters, doch sie entwuchsen verschiedener Wurzel. Das Gleichnis des Naiven entstammt der reinen Anschauung des Sinnlichen, das des Sentimentalischen der zur Anschauung gewandten Betrachtung.

Im weiteren Sinne ist aber die ganze Sprache Gleichnis; so muß sich diese Verschiedenheit auch zeigen lassen in der gesamten Art der Ausdrucksweise beider. Dem sinnlich-naiven Dichter ist die Handlung das nächste, das Bellen ist ihm wichtiger als der Hund, das Trappeln der Pferde näher als das Gespann; dem sentimentalisch-reflektierenden Dichter ist der Gegenstand bedeutungsvoller als seine Äußerung; eine genaue, ja reiche Beschreibung, möglichst eindrucksvoll durch Gegenüberstellung und Vergleich, reizt seine Gestaltungskraft, er kommt vom Ferneren zum Nahen. Und die Handlung selber erscheint dem Sentimentalischen bildhaft, aufgelöst in lauter wirkungsvolle Momente der Ruhe. Es ist vielleicht eine Neigung zum Systematischen; er geht selbst beim Dichten logisch-ordnend zu Werke; erst muß ein so und so beschaffener Hund vorhanden sein, ehe er bellen kann. Das Entscheidende für den Stil des Naiven muß also das Tätigkeitswort sein, für den des Sentimentalischen das Hauptwort und Eigenschaftswort; ja das Verbum selbst wird unter dieser nominalen Denkweise umgewertet werden.

Das Verbum ist beim Naiven nicht Selbstzweck, es ist das Verbindende: Atmosphäre, die das aufgelöst Gegenständliche zur Einheit formt; Stimmung, in der die Dingworte nur Abtönung sind; langsam flutende Strömung, in der die nominalen Burgen sich spiegeln.

Das Verbum ist dem Sentimentalischen Selbstzweck wie das Nomen. Die Einheit wird bedingt durch die Linienführung, zu der Nomen und Verbum gleichberechtigt nach ihrer Art beitragen. Die nominalen Ausdrücke sind wie Felsblöcke, an denen der Gießbach des Verbums aufschäumt, brandend: durch Rauschen und Sprühen gleiches Interesse heischend wie die zackigen Spitzen des Gesteins.

Die Gegensätze sind hier absichtlich scharf gezeichnet, sie werden sich nicht in jeder Zeile eines naiven oder sentimentalischen Dichters so ausprägen, denn es finden vielfach Annäherungen statt. Ich möchte als Beispiel eine Nachtszene aus Goethe und aus Schiller anführen, aus denen man doch wohl die bemerkten Unterschiede herausfühlen mag. Goethes Nachterlebnis ist in Geschehen aufgelöst:

. . . „Der Abend wiegte schon die Erde,
und an den Bergen hing die Nacht.
Schon stund im Nebelkleid die Eiche
wie ein getürmter Riese da,
wo Finsternis aus dem Gesträuche
mit hundert schwarzen Augen sah.
Der Mond von einem Wolkenhügel
sah schläfrig aus dem Duft hervor;
die Winde schwangen leise Flügel,
umsausten schauerlich mein Ohr.“ . . .

Schillers Nachtbild, das er fast im gleichen Alter wie Goethe schuf, bringt malend des Zuständliche:

„Mit erstorbnem Scheinen
steht der Mond auf totenstillen Hainen,
seufzend streicht der Nachtgeist durch die Luft...
Nebelwolken schauern,
Sterne trauern
bleich herab, wie Lampen in der Gruft.
Gleich Gespenstern, stumm und hohl und hager,
zieht in schwarzem Totenpompe dort
ein Gewimmel nach dem Leichenlager
unterm Schauerflor der Grabnacht fort."

Dieser sentimentalische Stil eint sich bei George mit den Errungenschaften der impressionistischen Ausdrucksweise. An diesen Mitteln haben aber auch die heutigen naiven Dichter teil, so daß es sorgfältiger Unterscheidung bedarf: was gehört dem zeitlos sentimentalischen Stile und was dem zeitlich begrenzten impressionistischen an. Bei der Charakteristik des impressionistischen Stiles erinnere ich an Richard Hamanns Werk „Der Impressionismus in Leben und Kunst". Er charakterisiert diesen Stil (S. 101 ff.) als „Kunst des einzelnen Wortes," gestützt durch ein formales Prinzip: „Das Auflösen des Satzes durch Weglassen aller nur verbindenden, an sich inhaltslosen Worte, der Partikel, Pronomina, Hilfsverben." „... Es gilt, abgebrauchte ... Worte zu vermeiden. Durch neue, seltne, frischgeprägte Worte und Wortverbindungen den Leser zum Anhalten zu zwingen." „Jedes einzelne Wort bedeutet schon ein Bild, ist ein Juwel für sich, und nicht erst der ganze Satz vermittelt die Anschauung."

Man wird im Anschluß an diese knapp herausgegriffenen Hauptsätze etwa zwei leitende Tendenzen nennen können. Eine negative, gekennzeichnet durch Unverbundenheit, Sparsamkeit und eigenartige Wortstellung mit dem Ziele ungewöhnlicher Akzentuierung, und eine positive in der Wahl seltener Worte und in eigentümlichem Verbalgebrauch. In allen diesen Äußerungen wird die Neigung zum nominalen Gebrauch als eine immanente, selbstverständliche stets hervorleuchten und erkennbar sein, ohne daß es immer eines Hinweises bedarf, und auf diese Art den sentimentalischen Grundcharakter dartun. Vielleicht besteht auch ein innerer Zusammenhang zwischen sentimentalischem und impressionistischem Stil, eine gewisse Zuneigung zueinander; doch führt das zu weit ab von unserem jetzigen Ziel.

Der äußeren Unverbundenheit entspricht eine starke innere Gebundenheit, die für das geistige Auge geradeso zwingend ist wie etwa für das leibliche die Aussparung unbetonter Flächen auf Reklamebildern: nur Kopf, Hände, Füße sind gezeichnet, die Verbindung dem kombinierenden Blick überlassen.

Konrad II., Heinrich III. und Heinrich IV. werden in fünf Zeilen ohne jedes Verbum, ohne jede Einbettung in ein Kugellager bequemer Beweglichkeit geschildert, es ist wie ein Triumph nominaler Felsenkraft:

„Des weihtums gründer, strenge kronenstirnen,
im mißglück fest, in buße groß: nach konrad
der dritte heinrich mit dem stärksten zepter —
in welschen wirren, in des sohnes aufruhr
der vierte reichsten schicksals: haft und flucht. . . .“

Diese Art, Worte hinzustellen mit dunkel-schwarzer, scharfer Grenze gegen den überhellen, luftlosen Himmel, sie nur durch Anordnung, Satz und Gegensatz wirken zu lassen, bestätigen viele Beispiele:

„Zum lohn ward ich beraubt, verfemt und irre,
ein bettler jahrelang an fremde türen (gewiesen[1])
aufs machtgebot von tollen: (doch) sie (sind) gar bald
nur namenloser staub, indess ich lebe.“

Partikel, Konjunktionen, Hilfsverben, alles fällt wie welke Blätter im Wehen dieser übersinnlichen Gedankenkühle, nur starke, oft starre Linien bleiben:

„In unserer runde macht uns das zum paare:
(daß) wir los (sind) von jedem band, von gut und haus.“

Gelegentlich erwächst auch hier Gefahr:

„Im bund noch diesen Freund und nicht nur lechzend
nach tat war der empörer eingedrungen
mit dolch und fackel in des feindes haus . . .“

Dieser Ruf, der voransteht, ist eine aufreizende Belebung: „im Herzensgrund nach dieser Freundschaft süchtig“ soll wohl der Sinn sein oder: „aus Freundschaftsüberschwang“? Hier leidet die Klarheit durch allzugroße Knappheit.

Am feinsten läßt sich Georges Fähigkeit zur Konzentration am Attribut beobachten. Hier ist das Motiv der Sparsamkeit ungetrübt. Wir finden etwa:

„von einer ganzen jugend rauhen werken“

---

[1]) Eigene Hinzufügung zur Verdeutlichung.

oder:

„an ligurischen gestades erglühtem fels."

Durch diesen pyramidischen Aufbau wird ein Artikel erspart und die Wucht der nominalen Komposition erhöht.
Wo in der gewöhnlichen auseinanderfallenden Rede das Attribut etwa mit einer Präposition angeschlossen wird, genügt für George die strengere genitivische Gebundenheit:

„Kleinod reinster helle" oder
„der vierte reichsten schicksals."

Selbst für einen abhängigen Satz sonstigen Gebrauchs tritt diese straffe Kuppelung ein:

„tiefste schmach noch heut nicht heiler wunde"

Das Wörtchen „heut" zeigt sicher an, daß es an anderm Orte als in solcher Kette selbständige Hervorhebung in einem Nebensatze fordern würde. Ähnlich steht es etwa mit dem Ausdruck: „geworden in den hallen steter ehrung." Diese Worte des Zeitmaßes pflegen sonst auflösend zu wirken. Entsprechend liegt der Fall bei Anfügungen mit einer Präposition:
„Der kummer um dieses blumenschweren frühlings zu rasche welke" oder „Schimmer von eben morgenroten welten."
Nach diesen Beispielen der Sparsamkeit bedarf es nur eines Hinweises, daß auch sonst oft der Artikel abgestreift wird, daß das Relativum, ja gelegentlich auch die Negation im paarig gegliederten Satz nicht wiederholt wird, bis auch hier wieder Unklarheit eintritt, wenn es heißt:

„Wirbel uns aus niedrer zelle
sternenan entführt geschwind:
deinesgleichen in der welle,
in der wolke, in dem wind?"

Ich vermute, daß der Sinn sein soll: denn werden wir nicht deinesgleichen sein, wenn wir aufgelöst sind in Welle, in Wolke, in Wind? Und doch möchte man auch hier der Sparsamkeit, die Dunkelheiten schafft, danken: allzu reizvoll ist es, an diesen Klippen zu klimmen, in diese Abgründe prüfend zu schauen. Jede Fahrt bringt neuen Gewinn, neues Glück durch Fernblick und Messen der Kräfte.
Eine Ausnahme erleidet dies Prinzip der Sparsamkeit: schon im ersten Teil war erwähnt, daß das dritte Buch „Gezeiten", das von der Liebe des Dichters handelt, reicher, in Wortwahl und -verbindung getragener und inniger ist (abgesehen etwa vom zehnten Lied: „So

holst du schon geraum . . ."). Konnte hier sich der Dichter nicht gleiche Gewalt tun wie sonst? Verhinderte die Fülle persönlichsten Erlebens eine Härte gegen die Form, wie er sie sonst geradezu asketisch übt? Wahrlich, stärker als alle Wortinhalte spricht diese schwellende Formenschönheit von der Ungeheuerlichkeit seelischer Erschütterung, da sie noch beim Gestalten fortwirkte. Als der Dichter diese Gesänge schuf, ward er noch immer nicht völlig Herr seiner Gefahren. (Ähnliches läßt sich vielleicht auch von Teilen des VI. Buches sagen.)

Solche Beobachtung mag uns den Mut stärken, durch sorgfältiges Nachfühlen des Stiles inniger an das Erleben und letzte Zittern der Seele des Dichters heranzukommen, als durch biographische Untersuchungen und Briefdokumente, in denen doch jedesmal eine neue Verkleidung geübt wird.

Eine starke Akzentuierung war durch diese Freilegung der Tempelworte von dem Schutt der Alltagssprache erreicht. Ein weiteres Mittel, den Reiz einer Gruppe von Gebäuden zu steigern, ist geschickte Unterbrechung und Abwechslung. Das Auge sieht die Flucht der Fassadenlinien doch als Ganzes, wenn auch hie und da steile Pappeln kräftig gegenstreichen.

So wird das Monotone der Dreigliederung unterbrochen:

„Von einer ganzen jugend rauhen werken
ihr rietet nichts von qualen durch den sturm
nach höchstem first, von fährlich blutigen träumen."

In ähnlicher Weise wird eine paarige Gliederung gestört:

„Sie . . . trug das rätsel
verborgner ähnlung und verflackte schimmer
mit sich von morgenroten welten."

(Ähnlich IV, 11, 16; V, 5, 7).

Einen besonderen Ton erhält das Hauptwort durch Mittelstellung: „Daß wir so planen, minnen, klagen — wir vergängliche, als ob wir immer blieben."

Zum Zweck einer Antithese finden wir eine merkwürdige Zerreißung der Glieder in folgendem Fall:

„Die überragend welten baun im sinn,
die reiche kneten, stapfend durch das land . . ."

„Im sinn" gehört vornehmlich zu „überragend", ist aber als hohe Tätigkeit des Geistes der rohen Wirklichkeit „stapfend durch das land" durch die gleiche Endstellung wirksam kontrastiert.

Um eine doppelte Beziehung, ähnlich wie bei dem vorigen Falle, zu ermöglichen, lesen wir folgende eigenartige Gruppierung:

„Wir schütteln unser sieb,
bis durch, was euch gemein
von allen schätzen trieb."

Das ergibt den doppelten Sinn: bis hindurchtrieb von allen Schätzen, was euch gar nicht kostbar ist und ihr nicht als Schatz anseht; und den andern: bis hindurch ist, was euch insgemein von allen Schätzen am meisten trieb und lockte.

Eine besondere Anfangsstellung mit nachgestellter Negation, die das Träumerisch-Zögernde mit plötzlicher Aufraffung malt, zeigt sich in folgendem Falle:

„Der oft sich erneuende
nicht sei mehr der schwur laut!"

Ich verweile bei diesen Dingen ausführlicher, weil sie am deutlichsten zeigen, eine wie sorgfältige Kunst hier zu uns spricht, weitab von naiver Unmittelbarkeit. Es ist frei schaltende Komposition, die nur in der Vollendung den Grad der Überzeugung und persönlicher Wärme erreicht, wie ihn schon unvollkommene naive Gebilde besitzen. Die Beispiele für diese Technik ließen sich noch häufen, auch das nachgestellte, unflektierte Adjektiv wäre in diesem Zusammenhang zu nennen. Es ist Linienkunst, wie wir sie in der Malerei etwa bei Hodler finden: Spannung durch Linienunterbrechung oder Liniendivergenz, Einheit der Linienführung trotz scharfer Abgeteiltheit, weil die verschiedensten Kräfte sich zusammenbeugen müssen, um einer Hauptkraft allen Schwung und alle Kühnheit zu leihen, um einer Linie stolzen Zug dem zusammenfassenden Auge zu bieten. Im unmittelbaren Gegensatz hierzu steht jene malerisch-naive Kunst, die Farbe, Dämmer und Licht hat, die ausfüllend ist. Diese Kunst aber ist zeichnend, die Kunst des Weglassens, des Aussparens. Das ist ihr negatives Prinzip. Sie hat aber auch ein positives des feierlichen Prunkes.

George gibt seinen Werken einen besonderen Schmuck durch Kostbarkeiten. Erlesene Worte, neue Wortverbindungen sind eingefügt in die künstlerisch beherrschte Komposition. Auch das erinnert an Tendenzen der anderen Künste, etwa an Klingers Beethoven, an die moderne Buchkunst.

Er bereichert den Wortschatz in dankenswerter Weise durch Erneuerung mittelhochdeutscher Wörter, ich nenne nur einige: Ewe (Zeitraum), Feuchte, Gierde, gram, Heiltum, Mus (Speise), Selde (Glück), Schöne (Schönheit), Schrunde, Schroffe.

Aus dem Dialekt, aus der Gaunersprache sogar, füllt sich der sprachliche Schatz mit eigentümlichen Prägungen; hierfür einige Beispiele: Arwe (Zirbelkiefer), Gebräm, Gesäme, glau (klug), glinstern, Hamen (sackförmiges Fangnetz), Kafiller (Abdecker), Letten (Tonerde), Sponde (Ruhebett), Sprenkel (Gerte, die mit einer Schnur gebogen ist, zum Vogelfang), Wasen (Grasfläche zum Abziehen des gefallenen Viehs), zuckende Geschwele, zwieseln (zweiteilen).

Ich bemerke noch, daß George den Ausdruck „Sprenkel" wie Bogensehne gebraucht (II, 12), mit welcher Berechtigung kann ich nicht sagen.

Auch liebt er neue Formen und Konstruktionen, deren Wert nicht immer einwandfrei ist: das bemühte Volk (das von Mühen geplagte Volk), fodern, der nie furchende Kies, hoh, jug (jagte, dialektisch, auch bei Platen), neben (absolut gebraucht), seit (seitdem), des Siebten (Siebenten).

Eine andere Gruppe bilden neue Wortverbindungen, wie etwa: Bergesschlüpfe, Fahrfreude, Ferndunkel, Flutnacht, Folgermut, Fremdengeißel, Jahrnächte, Kronenstirnen, Sternenmilde, Stürmejahr, tagblind, Zeitenbiege, Zeitengezeter.

Unklar ist von diesen Neubildungen „Fahrfreude"; da nämlich George statt Gefahr „Fahr" sagt und „fahrvoll", ist nicht ersichtlich, ob es Freude am Fahren, Wandern, oder Freude an der Gefahr bedeuten soll. Beides hat im Zusammenhange Sinn. Auch hier erscheint wie schon früher die Vieldeutigkeit als Absicht. Diese Art ist als wesenhafter Zug impressionistischen Stiles anzusehen.

Falsch ist die Wortverbindung „Fremdengeißel", wenn sie, wie es den Anschein hat, bedeuten soll, daß die Fremden selber die Geißel des Landes bilden. Es kann dem Wort nach nur „eine Geißel, die die Fremden führen" oder „eine Geißel, die die Fremden erleiden" sein. Die Grenze ist fein, aber scharf. Auch hier zeigt sich eine Gefahr, die leichter zu nehmen wäre, wenn nicht gerade in jüngster Zeit falsche Wortverbindungen sich vielfach einschlichen.

Wie stark bei diesen Formungen die sentimentalisch-nominale Tendenz mitspricht, ist deutlich, selbst beim Verbum werden wir diese Art beobachten können. Das Verbum des naiven Dichters will an sich unbemerkt bleiben, es gibt den Hintergrund, die große Welt der Licht- und Wärmeströme, der vibrierenden Luft und des Schleiertanzes der Wasserdämpfe. Das Verbum des sentimentalischen soll bemerkt werden, soll ebenso hart umrissen dastehen wie das Nomen, soll Herrschaft üben mit grausamer Faust.

Es genügt, um dieses klarzulegen, nicht der Hinweis auf die Bevorzugung des einfachen, ungebräuchlichen Verbums vor dem zusammengesetzten, gewöhnlich verwandten. Das ist auch Art der naiven Dichter. Und doch zeigt sich eine gewisse Härte selbst hierbei. Man vergleiche bei Goethe:

„Füllest wieder Busch und Tal
still mit Nebelglanz,
lösest endlich auch einmal
meine Seele ganz."

indessen heißt es bei George:
„Da lud von westen märchenruf" oder „Als ihn im kampf des türken kugel warf" oder „der hafen, der alles glück des landes saugt" oder „Nicht widert staub."
Größer wird die Härte, wenn ein Verbum seine Art verändern muß: „Unser geist dreht zum ernsten väterlichen angesicht" oder „doch wer ihn wegen sack und asche höhnte, den schweigt er stolz" oder „daß du mir tage mehr als sonne strahltest (hell machtest) und abende als jede sternenzone" oder „der heut die mitte tritt" (der heut in der Mitte des Lebens steht) oder „Später gedenkt es euch kaum" (Später erinnert ihr euch kaum).
Diese Fälle sind schon nicht immer ganz befriedigend, allzu gewaltsam für mein Gefühl sind aber Kuppelungen, bei denen ein Verb Subjekte verschiedenster Art tragen muß. Es erinnert dies an die bei den Gleichnissen erwähnte Schwäche mancher Hinzufügung. So heißt es beim Goethe-Tag:
„Noch standen (1) plumpe mauer und (2) würdelos gerüst von menschen frei und (3) tag — unirdisch rein und fast erhaben."
Die dritte Anfügung ist fast peinlich; wenn wenigstens das Verb in der Einzahl stände! Noch schwerer liegt der Fall im Sonnwendzug:

Elfenbeinern starren unsre leiber —
in die gluten und schatten
langen feiertags getaucht, in zierden,
die aus hangenden bögen,
wand und boden triefen, aus den flöten
und balsamischem wein."

Hier muß das Wort „Zierde" und das Wort „triefen" einen doppelten Wert tragen, zuerst sind die Zierden Lichtreflexe, glänzende Prächte, die die prangende Halle ausströmt, dann sind die Zierden Berauschungen, die aus Klang, Duft und Schmecken kommen.
Das Fest für alle Sinne soll eine Einheit sein in dem einen Wort „Zierden", und die Empfindung des Überflusses in allen Sinnen soll durch das eine „triefen" verkörpert werden.
Ich nannte diese Art für mein Gefühl peinlich, es ist der Sieg der

blassen Abstraktion über die Sinnlichkeit. Das äußere Zusammenbiegen der widerstrebenden Elemente ist über das innerlich Mögliche hinausgegangen, statt der starken inneren Gebundenheit, die sonst als schönste Frucht reifte, ist die Folge innerer Zersetzung und Disharmonie unter trügerischer Hülle der Geschlossenheit.
Manchem mag solche Kritik pietätlos und unreif erscheinen; ich meine, je tiefer die Abgründe sind, in die George schaut, desto höher muß er wandeln, je schärfer er an den äußersten Rand tritt, desto freier von Wahn und Nebel, desto königlicher muß seine Stirn sein. George wurde gewürdigt, mit immer größeren Gewalten ringen zu dürfen:

> „Die Siege laden ihn nicht ein,
> sein Wachstum ist, der tiefbesiegte
> von immer Größerem zu sein.“ (Rilke)

Wer wird nicht den Mann mit den größten Versuchungen für den größten Kämpfer halten und ihn um solcher Fülle der Not am höchsten verehren müssen?
Wir haben ja seine Gefahren kennengelernt, die übergroße Willenskraft, die auch noch Dinge deutlich will, die doch nur dunkle Klüfte weisen; sie heischt von sich selber: Abstand nehmen auch von den trautesten Dingen der Heimlichkeit, um doch nachlassen zu müssen den schwersten, letzten Erlebnissen der Liebe gegenüber: hier wich auch dieser stolze Wille. Daß diese Kraft, die oft so Hohes leistet, bisweilen zur Willkür, Härte, ja Grausamkeit, zur Überspannung und Selbstüberschätzung führt, sahen wir eben.
Es ist fast indiskret, diesen Enthüllungen, die, dem Dichter unbewußt, dem Beobachter sich bieten, nachzuspüren, und es möchte häßlich wirken, wenn eitle Neugier daran rührt.
Doch wer mit der Liebe zum äußersten Sehnen des Dichters, mit der Liebe auch zu seinen Gefahren, ja mit doppelter Verehrung um dieser willen sich naht, der wird dem Willen des Dichters noch am gerechtesten werden und ihn an sich selber erfüllen.

III

ZUR ÄUSSEREN KOMPOSITION

George hat das siebente seiner Hauptwerke „den Siebenten Ring" genannt. (Hymnen 1890, Pilgerfahrten 1891, Algabal 1892, die Bücher der Hirten und Preisgedichte der Sagen und Sänge und der hängenden Gärten 1895, das Jahr der Seele 1897, der Teppich des Lebens und die Lieder von Traum und Tod mit einem Vorspiel 1899).

Es würde hier zu weit führen, zu zeigen, wie gleich den Wandornamenten in der Kuppel eines Domes sein Gesamtwerk sich Kreis auf Kreis erhöht und verklärt, wie jeder Ring in sich eine große Einheit darstellt, und wie wieder diese sämtlichen Ringe untereinander ein harmonisches Ganzes bilden. Wir sind hier „zur ruhe des siebten" (Maximin 13) gelangt.

Im ersten Teil war der Inhalt der sieben Bücher des Siebenten Ringes angedeutet, wir erinnern uns ihrer harmonischen Geschlossenheit: Eingang und Ausgang bilden historische Kulturprobleme, in denen der Dichter mitwirkend sich einen eigenen Platz schafft. Im zweiten Buch verallgemeinern sich die Wirklichkeiten zu den nackten Wechselkräften der Kultur, näher heran steigt die Flut zur letzten Höhe des innersten Heiligtums, gerade wie im sechsten Buche die Welle von dieser Höhe abflutet zu den allgemeinen Gebundenheiten. Im dritten Buch redet die Not der Liebe, der die letzte Erfüllung mangelt, im fünften die Not der Abhängigkeit und Bedingtheit, die doch nur im Traume gelöst wird. Das vierte Buch ist Mitte und Gipfel: wirkliche Erfüllung im — Unerfüllten.

Dem ausgeglichenen inhaltlichen Gewicht entspricht eine merkwürdige formale Gleichartigkeit. Ein Blick auf die Inhaltsübersicht am Schluß macht stutzig: die Anfänge der sieben Bücher fallen auf die Seiten: 5, 35, 65, 95, 125, 155, 185. Rechnet man das eingeschaltete freie Blatt und das Blatt mit dem Thema ab, so entfallen auf jedes Buch 28 Seiten. Schon hier beginnt die Sieben-Zahl eine Rolle zu spielen, die noch über die im Titel zuerteilte hinausgeht, aus dem Siebenten Ring wird der Ring der Sieben. Das erste, zweite und fünfte Buch enthält je 14 Gedichte, das dritte und vierte je 21, das sechste

28 und das siebente 70. Es sind also 112 Gedichte auf 168 Seiten in den sechs ersten Büchern, 182 Gedichte auf 196 Seiten im ganzen. Ich erwähne solche scheinbaren Kleinigkeiten, die manchem verächtlich sein mögen, weil sie doch wohl dem Dichter wichtig sein mußten, da er sie so beachtete, und weil dieser Nachweis der äußeren Kürze der inhaltlichen Konzentration entspricht.

Man möchte über das ganze Werk das Motto setzen, das George dem Gedicht „Algabal und der Lyder" voranstellt: „Das gleichgewicht der ungeheuren wage." Das betrifft nicht nur die spezifische Schwere der einzelnen Teile, die so harmonisch geordnet sind, sondern bezeichnet überhaupt das vollkommene Entsprechen von Inhalt und Form, die hier nicht schmerzlich auseinanderklaffen und durch den „guten Willen" des Dichters versöhnt werden müssen, sondern derart eine Mischung, vielmehr eine Verbindung im chemischen Sinne eingegangen sind, daß aus zweien ein neues Drittes geworden. Es ist das vielleicht die wünschenswerteste Erneuerung hellenischen Geistes, der die reine Scheidung von Körper und Geist, von Inhalt und Form nicht kennt, dem die Idee noch sinnlich lebendig und die Materie geistig bewegt ist.

Es kann hier der Nachweis erspart bleiben, wie sorgfältig die metrische Technik geübt ist. Nur einige Notizen mögen noch als bemerkenswert erwähnt werden.

Von 182 Gedichten sind 146 durch den Reim gebunden und 160 strophisch gegliedert (wenn man III, 6 hinzurechnet).

Einmal ist neben dem Reim die Assonanz verwandt (VI, 28). Von der Alliteration wird sparsamer Gebrauch gemacht. Der regelmäßige Wechsel von Hebung und Senkung, jambisch oder trochäisch, der die häufigste rhythmische Form darstellt, ist oft geschickt in seiner Einförmigkeit unterbrochen, zuweilen wird er daktylisch beschleunigt. Der stolz-ehrende anapästische Anstieg wird einmal, Melchior Lechter zur Feier, verwandt. Freie Rhythmen fehlen. Es entspricht dieses alles nur der beherrschten und zielsicheren Art Georges.

Gelegentlich laufen dabei Härten unter. Und auch das ist nach dem Früheren notwendig. So z. B. in dem dritten Gedicht des dritten Buches, wo wir daktylisch lesen sollen: „Wange schon" oder „empor aus dumpf".

Eine Beobachtung ist vielleicht noch von Interesse: warum entbehren einige Gedichte der Überschrift? Es sind 31, aus dem dritten Buch 13, aus dem sechsten 18. Wir erinnern uns der auffallenden Änderung im Stil, die wir im dritten und auch im sechsten Buch bemerkt hatten, weil des persönlichsten Erlebens nachzitternde Glut die sonst geübte Selbstbeherrschung lockerte. Es ist hier also die

ungenannte Überschrift „Stärkstes Erleben", Erleben, das noch Leben saugt aus dem Ich, das mit dem Herzblut noch in Verbindung steht, das noch nicht mit eigenem Namen ein Kind in der Ferne sein darf.
Manche dieser letzten Bemerkungen mögen schon allzu nahe an philologisch-statistischer Untersuchung liegen, sie sind unentbehrlich zur scharfen Einzeichnung des Dichters in eine Zeit künstlerischer Anarchie.
Durch welches Gleichnis werden wir abschließend Georges Werk und Art am besten deutlich machen?
Wir stehen in einem riesigen Dom. Aus den Dimensionen der Wände, der Kuppel ahnen wir die Gigantik des Ganzen, das uns der Schmuck und die Gliederung des Innenraumes verbirgt. Georges Seele ist dieser Dom.
Und seine Werke sind die kostbaren Mosaiken, die die Wände schmükken. Steinchen für Steinchen hat bewußt komponierende Kunst eingesetzt. Wir sahen genauer den obersten Ring. Die stilisierten, überlebensgroßen Gestalten schauen von oben herab, wenige seltene Farben köstlichen Kontrastes sind gewählt, jede abschließende Linie ist eingefaßt mit einem Rand trennender Steinchen zur klaren Sonderung. Die ganze Fülle von Ich und Welt blickt uns zusammengeschaut in einigen Bildern magisch-faszinierend an. Und über der unendlichen Harmonie aller Ringe, Farbentöne mancher Gestaltungen vergessen wir die nahe Herbheit mancher Willkür.
Andacht, Verehrung und dankbarer Jubel der zitternden Seele erfüllt uns: „schon weil du bist, sei dir in Dank genaht."

RAINER MARIA RILKES PROSAWERK „DIE AUFZEICHNUNGEN DES MALTE LAURIDS BRIGGE"

Ich weiß nicht, ob man urteilen wird: das ist ein frivoles Spiel! Oder: eine Sammlung von Brocken aus Rilkes Werken.
Ich habe keine Gewalt über das Urteilen und keine Möglichkeit es zu lenken.
Es ist viel Sammelarbeit. Ähnliche Motive aus allen Werken. Und ich habe wenig dazu gesagt.
Was ich von solcher Erleichterung für die, die Rilke noch nicht kennen, erhoffe, das ist: das Sehenlernen für Rilkes Stilentwicklung, für Rilkes Gestaltungskraft. An der Nebeneinanderstellung sehen lernen.
Mir sind so feine Worte nicht eigen, wie etwa Eugen Mondt und Georg Hecht oder dem früheren Wilhelm Michel, und wo meine Worte mehr zu bedeuten scheinen, als gewöhnlich ist, da danke ich es eben dem großen Meister: Rilke.
Anstatt daß nun aber alles gesagt wird mit dem Duft des Ahnenlassens, wie es Rilke selber kann, wenn er von Rodin spricht, will ich nur hinführen in den Saal voll Skulpturen, die geordnet sind — aber nun, seht selber zu! Erfüllt euch ganz mit dem Begreifen dessen, was vor euch ausgebreitet ist.
Denn ich bringe euch keine Gefühle hinzu, wie ihr es gewohnt seid von den feinen literarischen Essays, wo ein Scheinwerfer zarte Lichter spielen läßt über die Bühne des zu beleuchtenden Dichters und seines Werkes — ich will euch nicht ein Urteil mitgeben mit einigen leicht zu merkenden Gründen, ich will, daß ihr selber arbeitet, daß diese Dinge in eurem Schauen w e r d e n, aber nicht s i n d — so — wie sie vielleicht bei mir sind, sondern anders, euer Eigentum.
Darum seht selber zu!

VERGLEICH MIT WILHELM MEISTER

„Mit solchem Büchlein ist es wie mit dem Leben selbst: es findet sich in dem Komplex des Ganzen Notwendiges und Zufälliges, Vorgesetztes und Ungeschlossenes, bald gelungen, bald vereitelt, wodurch es eine Art von Unendlichkeit erhält, die sich in verständige und vernünftige Worte nicht durchaus fassen und einschließen läßt," schreibt Goethe 1829 an Rochlitz über seinen Wilhelm Meister.

Mit dieser Voranstellung eines Urteils Goethes über sein eigenes großes Prosawerk ist eine doppelte Beziehung zu Rilkes „Malte Laurids Brigge" gegeben: der Vergleich mit diesem Dichter und der Vergleich mit diesem Kunstwerk. Ein solches Messen ist so überaus wertvoll, weil es sofort eine Reihe von Mißverständnissen niederschlägt, vor allem das Mißverständnis des Stofflichen, der Handlung. In beiden Werken ist mit Absicht, manchmal mit verletzender Absicht, das Reich des Sinnlichen in Atome zerschlagen; damit ist das Atomistische, das Unendliche, derLeitgedanke derKomposition geworden: die Fülle sinnlicher Erscheinungen wird für den Schauenden gehalten durch die bis zum Springen gespannte Bogenkraft eines universalen Geistes.

Der einende Mittelpunkt ist der Dichter, der eine leicht verschleierte Biographie seines inneren Menschen gibt. Beide Werke gliedern sich, fast gewaltsam und willkürlich, in zwei Teile.

Der erste Teil des Malte gipfelt in der Liebe zu Abelone. Und mit dem Auge dieser Liebe sieht er die Fülle des Lebens gebunden an die archaischen Muster der Teppiche „der Dame à la Licorne". Aus der Fülle der Dinge hat sich das Typische herausgeschält als Beruhigung und Stärkung des in der Liebe Festgewordenen.

Ähnlich hat Wilhelm am Schluß der Lehrjahre in der Liebe zu Natalie das höchste Glück erworben und damit die nötige Festigkeit zu einem Leben, das sich selber Schranken setzt, um bald wieder ins Ungewisse zu entgleiten.

Auch Malte verliert die schon erreichte Ruhe im Abstandnehmen vom Teppich des Lebens, zugleich aber entgeht er auch der Gefahr, zu erstarren in der Stilisierung seiner Gefühle, anstatt die Fülle der unendlichenMöglichkeiten mit gleicher Bereitwilligkeit aufzunehmen.

So kommt es zu tieferen Einwirkungen der Umwelt, die nun noch stärker denn je im Mitschaffen erlebt werden und im Erleben mitgeschaffen werden. Und die Liebe zu Abelone findet die höchste Steigerung im Entsagen, d. h. im äußersten Verzicht auf die leiseste Bindung. Wie klingt der Ton der „Entsagenden" von Meisters Wanderjahren herüber! Und der gemeinsame Schlußakkord beider Werke: nicht Flucht vor der alltäglichen Werkarbeit, sondern das Aufsichnehmen, das Überstehen der Gefahren in innerer Überwindung. Und doch — so überraschende Momente dieser Vergleich ergibt, man wird dieses Gedankens nicht froh. Er ist wie ein Unrecht — am „Malte"!

Ich muß ein Gleichnis anwenden, um das deutlich zu machen, was ich fühle, obgleich ich damit allzu hart von Goethe spreche: Goethes Wilhelm Meister gleicht einem Atelier mit Teilen von Marmorfriesen, die durch eine Art Wandmalerei in äußeren Zusammenhang gebracht worden sind, Rilkes „Malte" gleicht einem Turm, auf dem etwa in der Art von Rodins „Les bourgeois de Calais" eine Gruppe von Gestalten steht, die keine äußere Bindung eint ... „und, was sie vereinte, war nur die Luft, die an ihnen teilnahm in einer besonderen Art ... An Stelle der Berührungen waren hier die Überschneidungen getreten, die ja auch eine Art von Berührung waren, unendlich abgeschwächt durch das Medium der Luft, die dazwischen lag, beeinflußt von ihr und verändert. Berührungen aus der Ferne waren entstanden, Begegnungen, ein Übereinander-Hinziehen der Formen, wie man es manches Mal bei Wolkenmassen sieht oder bei Bergen, wo auch die dazwischen gelagerte Luft kein Abgrund ist, der trennt, vielmehr eine Leitung, ein leise abgestufter Übergang." (Rilke: Rodin.) Es ist kein Zufall, daß Rilke der Interpret Rodins, des Meisters des Torsos, ist.

Und daraus ergibt sich ein auflösendes, zersetzendes Gift für das Vergleichen von Goethes und Rilkes Werk. Goethe steht noch — im Gedanken an die Totalität der Erscheinung, die er einfangen möchte, — mitten in der Fülle der Gefühle und damit in einer Wirrnis von Handlungen, von Ketten und Stücken von Ketten. Rilke hat diese Gefühle zurückgezogen aus dem eigentlich Handlungsmäßigen und hineingezwungen in das Ursprüngliche: die Dinge, die Erscheinungen, die Erlebnisse, alles als Momente, als Einzelglieder empfunden. Und dann hat er diese Gefühle, die bei Goethe zwischen den Saiten der Handlungen vibrieren, in der Stärke und Höhe, wie er es selber den Noten beischrieb — Rilke hat dann diese Gefühle hineingearbeitet in diese Torsos, in diese Einzelglieder, daß sie wie funkelndes Leben herausglänzen (vgl. Rilke, 1908, Neue

Gedichte: „Archäischer Torso Apollos"), aber nicht als Unterschrift und Katalogserklärung beigefügt sind.

Darum kann von Gipfelpunkten im „Malte" nur insofern gesprochen werden, wie etwa in einem Museum eine Reihe von Fundstücken geordnet ist, daß das Wichtigste durch den zugewiesenen Platz betont ist — wenn bei Rilke der „Malte" auch mit einem Datum beginnt, mit einer Mansardenwohnung in der rue Toullier und zuletzt mit einem Gleichnis vom verlorenen Sohne schließt, mit der Legende dessen, der nicht geliebt werden wollte und floh, aber schließlich heimkehrte und die Liebe der andern erduldete — so sind doch viele Stücke dazwischen, die auch anders geordnet sein könnten, die nur durch leichte Betonung gewisser Motive eine fast zufällige Nachbarschaft haben.

Der erste Vergleich möchte also aus diesen Erwägungen her nur halb und fast peinlich gezogen sein; doch dürfte diese Behauptung in der Zukunft Bestätigung finden:

Ähnlich wie für uns Wilhelm Meister, der erste Erziehungs- und Bildungsroman im Zeitgewande den Beginn der Epik des 19. Jahrhunderts, jener Mischung von Drama, Epos und Lyrik, bedeutet, wird vielleicht eine spätere Zeit das Epos des 20. Jahrhunderts mit Rilkes Malte Laurids Brigge beginnen, der das Dramatische völlig ausschließt, der aus der Lyrik zu einer neuen Epik gekommen ist. Goethe schildert nur Seelendrama in der Voraussetzung, daß alles andere leicht vorgestellt werden könne, nur Affekte und damit Höhepunkte. Rilke meint: „Nein, nein, vorstellen kann man sich nichts auf der Welt, nicht das geringste. Es ist alles aus so vielen einzigen Einzelheiten zusammengesetzt, die sich nicht absehen lassen. Im Einbilden geht man über sie weg und merkt nicht, daß sie fehlen, schnell, wie man ist. Die Wirklichkeiten aber sind langsam und unbeschreiblich ausführlich."

Goethe glaubt, viele Seiten des Lebensbuches als unwichtig überschlagen zu dürfen, er gibt eine Blütenlese von Lebenszeiten, Rilke weiß, „Auswahl und Ablehnung gibt es nicht."

Das ist bei Goethe und seinen Nachfolgern die stillschweigende Übereinkunft, daß nur gewisse Dinge und vor allem das Menschliche in der Beziehung auf sich selber im Leben von Bedeutung seien, das ist das Werten, ein Durchtränktsein von Tendenz, wie es zur Charakteristik dieser ganzen sentimentalischen Kunstepoche gehört — denn auch Goethe ist nur der Naive unter den Sentimentalen — hier bei Rilke tritt zum ersten Male eine wirklich naive Kunst in die Erscheinung, die im tiefsten Verstande voraussetzungslos ist, die — von der Zeit des Kindes her und einem mystischen Gottesbegriff aus — das Maßsystem unsrer üblichen Wertskalen völlig vergessen hat. Hier wird am Dinge, am Unscheinbaren erlebt, wozu andere den ganzen Apparat einer sogenannten Handlung und Entwicklung gebrauchen. Die Erklärung scheint sich aus den Voraussetzungen zu ergeben: bei der bisherigen Epik ist der Weg durchs Drama mit seiner notwendigen Willkür und Betonung gegangen, bei der neuen Epik ist die Kunst aus der Lyrik erwachsen, und zwar aus einer unbefangenen; wurzelnd in der neuen Naturerkenntnis des 19. Jahrhunderts, die schlechthin demokratisch ist in der Einreihung des Menschen unter die übrigen Gebilde, während man früher den Menschen zum absoluten Monarchen von Gottes Gnaden machte, den eine tiefe Kluft noch vom Säugetier schied.

Verwandtes und Gegensätzliches bei Goethes und Rilkes Kunst ist angedeutet worden; die Einreihung der beiden Werke als grundlegender wird vielfach auf Widerspruch stoßen — und doch läßt sich ein starker Beweis führen. Wilhelm Meister kann nur aus Goethes Leben und seinem sonstigen Schaffen, etwa aus dem Faust, interpretiert werden, nur sehr vage Linien führen zu anderen Werken anderer Dichter; ganz genau so steht es mit Rilke (nur daß von einem andern Kunstgebiet her, von Rodins Marmorträumen, starke Wellen kommen): und wie bei Goethe die stärkste Beleuchtung aus dem dramatischen Schaffen aufglüht, das blitzartig viele Dunkelheiten des Wilhelm Meister erhellt, so scheint bei Rilke der Glanz aus den Edelsteinen seiner Lyrik hinein in das Denken und Empfinden seines Malte Laurids Brigge.

Die Linien, die von Rilkes Lyrik in dieses große Prosawerk hinüberführen, sind für den Kenner seiner Werke ungemein deutlich. Vielleicht ist es manchem so gegangen, daß er zunächst vom „Malte" enttäuscht war. Die Arbeit, die geleistet werden mußte, um sich Stufe für Stufe in Rilkes Lyrik einzuarbeiten, war um ein bedeutendes größer als die, die später nötig wurde, um von den Neuen Gedichten 1907 und 1908 zum „Malte" von 1910 zu gelangen. Es war fast das Gefühl, sich zu einem Schritt entschlossen zu haben, dem die Höhe der Stufe gar nicht entsprach, also das Gefühl von einer unnütz angespannten Energie, etwas wie Enttäuschung. Man konnte zum Teil von einer Prosaauflösung mancher Gedichte sprechen.

Dieses Gefühl mußte sich später verlieren, als man andrerseits, nun gerechter, beobachten konnte, wie viel inbrünstiger das Leben im „Malte" pulst denn zuvor in den Gedichten. Es war, als wäre die gebundene Form, die Vereinzelung, und die Sonderung zu zählbaren Gebilden nebeneinander verlassen, um einen ganzen Turm zu bauen, der — ähnlich wie Rodins Tour du Travail — einen Turm der Erkenntnis bedeutet. Und so stellte sich das Bewußtsein ein, hier einem nach Form und Inhalt ganz neuartigen Werk gegenüberzustehen, das notwendigerweise auf diese Art heranreifen mußte.

Es soll nun der Versuch gemacht werden, dieses Werk systematisch zu erfassen auf Grund des Materials, das in den früheren Werken Rilkes vorliegt.

Bei der Fülle der Bausteine, die in den zahlreichen früheren Veröffentlichungen gegeben sind, können wir mit Bestimmtheit damit rechnen, daß der Möglichkeit nach das Gebäude des „Malte" schon in ihnen enthalten ist, eine Rechnung, die bei einem sentimentalischen Dichter und bei einem weniger originalen Genie kaum zutreffen möchte. Es sind zwei große Kreise, dem Material nach, in die wir gliedern dürfen: der Kreis der sinnlichen und der übersinnlichen Wirklichkeit, jeder ist von der Peripherie des Persönlichen zum Zentrum des Unpersönlichen zu durchschreiten.

I

DER KREIS DER SINNLICH-PERSÖNLICHEN WIRKLICHKEIT

Zunächst handelt es sich um Kindheit und Jünglingsalter. Da ist die Erinnerung an ein altes Schloß, dessen Räume fragmentarisch im Gedächtnis geblieben sind. Und der hohe Saal, wo man die Mahlzeiten zu nehmen pflegt, ist dunkel „mit seinen niemals ganz aufgeklärten Ecken" bei der schwachen Kerzenbeleuchtung. Das sind Erinnerungen an die Jugendzeit in Prag. Der junge zwanzigjährige Dichter singt schon im „Larenopfer" (1896):

„Und die weitgewölbten Decken,
die so günstig sind den Lauten,
Nischen rings, die eingebauten,
drauß die Arme sich der trauten
Dämm'rung dir entgegenstrecken."

Gerade in den ersten Werken spielen solche Erinnerungen an düstre, schwere Räume mit dem Gefühl des Unbegrenzten und Überwältigenden eine Rolle, in den „Zwei Prager Geschichten" (1899 erschienen, aber früher geschrieben) ist der dunkle Kellergang von Bedeutung und später der Hungerturm: „Jetzt eröffnete der flüchtige, scheue Schein eines Zündholzes da und dort ungeahnte Nischen und Gänge, welche im nächsten Augenblick lautlos wieder einzustürzen schienen." Und dies Gefühl des Unheimlichen ist nun am innerlichsten begründet im Malte. „Dieser hohe, wie ich vermute, gewölbte Raum war stärker als alles; er saugte mit seiner dunkelnden Höhe . . . alle Bilder aus einem heraus, ohne einem einen bestimmten Ersatz dafür zu geben. Man saß da wie aufgelöst, völlig ohne Willen, ohne Besinnung, ohne Lust, ohne Abwehr."

In solche Umgebung passen Familienfeste von altadeligen Menschen, die entfernt verwandt sind, aber sonst in keiner inneren Beziehung stehen. Und zwischen ihnen bewegt sich der alte, fast ganz erblindete Diener, der auch dem leeren Platz die Schüssel anbietet. Wir kennen diesen Diener schon aus der Skizze „Das Familienfest" (Am Leben hin 1898), er gehört zu dem Unwirklichen der ganzen Szene. Und während schon damals die Erinnerung an die Verstorbenen, der Anlaß der Totenmesse und das Verwechseln des Dieners, der noch in Großvaters Zeiten mit seinen Gedanken lebt, etwas Gespenstisches gab, ist es jetzt erschütternd verwirklicht in der Erscheinung der verstorbenen Christine Brahe: Ein langsames, teilnahmloses Schreiten, Schritt für Schritt durch die Stille, wie Eurydike in der Unterwelt (Neue Gedichte, I, 1907):.,,unsicher, sanft und ohne Ungeduld"

,,Sie war in sich. Und ihr Gestorbensein
erfüllte sie wie Fülle.
Wie eine Frucht von Süßigkeit und Dunkel,
so war sie voll von ihrem großen Tode,
der also neu war, daß sie nichts begriff." —

Der Knabe ist einst voll von solchem phantastischen Erleben gewesen, wobei ihn seine Mutter bestärkte. Da ist die Geschichte von der Erscheinung der eben verstorbenen Ingeborg, die unsichtbar-sichtbar sogar vom Hunde erkannt wird. Da ist die Überzeugung des Kindes, daß das abgebrannte Haus noch da sein müsse,

,,um dann mit einem Blick als ob er löge,
die andern anzusehn, die er bewog
zu glauben, was an dieser Stelle stand."

(Neue Gedichte II, 1908: Die Brandstätte) Da ist die Angst vor dem Rauch, der vermeintlich von den Erwachsenen aufgespürt ist, die Angst vor dem Unsichtbaren, das doch alle in Bann schlägt. So entsteht in dem Kinde zum ersten Male etwas wie Gespensterfurcht. Aus derartigen Jugenderlebnissen stammt die Kraft des Dichters, visionäre Vorkommnisse zu schildern; so erzählt er von dem ,,Junggesellen", dem letzten seines Geschlechtes, der in den Papieren der Ahnen blättert (1908, N. G.):

,,Er lobte einen dieser Briefeschreiber,
als sei der Brief an ihn: Wie du mich kennst;
und klopfte lustig auf die Seitenlehnen.
Der Spiegel aber, innen unbegrenzter,
ließ leise einen Vorhang aus, ein Fenster —:
denn dorten stand, fast fertig, das Gespenst."

In diesen Versen mag sich die Erinnerung rühren an die Knabenzeit und das Gespräch mit dem kleinen Erik. Malte sucht nachts mit der Kerze das Bild der Christine Brahe, die wiederholt erschienen war. Der kleine Erik findet ihn in der hohen, zugigen Galerie herumleuchten, er weiß, was er sucht, und sagt einfach: ,,Ihr Bild ist nicht da." Und dann erzählt er, man habe ihr einen Spiegel hingestellt,

daß sie sich sähe. Aber — „sie ist nicht drin". Und schließlich ist Malte ganz verstört von dem Erzählen Eriks und diesen nächtlichen Dingen.
Schon als Kind, das noch auf dem Sessel knien mußte, um auf den Tisch zu langen, hatte Malte ein Erlebnis von einer gespenstischen Hand gehabt, die unabhängig von ihm im Teppich den herabgefallenen Rotstift suchte. Ob es die Spiegelung der hellen Schlußleiste war? Genug, es war eine tiefe Erschütterung des Kindes, und bald kam schwere Krankheit, vor allem seelischer Art. „Das Fieber wühlte in mir und holte von ganz unten Erfahrungen, Bilder, Tatsachen heraus, von denen ich nicht gewußt hatte; ich lag da, überhäuft mit mir —" Das „Unverhältnismäßige" solcher Kindheitstage ist dem Dichter immer ein Rätsel geblieben:

„Es wäre gut, viel nachzudenken, um
von so Verlornem etwas auszusagen,
von jenen langen Kindheit-Nachmittagen,
die so nie wiederkamen — und warum? ...

Und wurden so vereinsamt wie ein Hirt
und so mit großen Fernen überladen ..."

(1907, N. G., Kindheit) Neben aller Überreizung ist aber auch das rein Sachliche deutlich geblieben: „Aber was lang war, das waren die Nachmittage in solchen Krankheiten —"

„Es spiegeln die verblichenen Tapeten
das ungewisse Licht von Nachmittagen,
in denen man sich fürchtete als Kind."

(1907, N. G., Vor dem Sommerregen) Man liest dem Kinde vor, und die Mutter sitzt bei ihm, und sie tauschen Erinnerungen aus. Gelegentlich wird ein seltsames Spiel getrieben: der kleine Malte übernimmt die Rolle der frühverstorbenen Schwester Sophie und beklagt sich bei der Mutter über den unartigen Malte! Manchmal mag die Mutter ihn auch durch Lied und Musik gestillt haben:

„Er saß sehr still. Sein großes Schauen hing
an ihrer Hand, die ganz gebeugt vom Ringe,
als ob sie schwer in Schneewehn ginge,
über die weißen Tasten ging."

(Buch der Bilder. Aus den Jahren 1902—1906. Aus einer Kindheit) Wunderbar ist es, daß sich der Knabe dann überhaupt noch zurechtfand in der Welt, „wo jeder im Gefühl unterstützt sein wollte, bei Bekanntem zu sein, und wo man sich so vorsichtig im Verständlichen vertrug. Da wurde etwas erwartet, und es kam oder es kam nicht, ein Drittes war ausgeschlossen. Da gab es Dinge, die traurig waren, ein- für allemal, es gab angenehme Dinge und eine ganze Menge nebensächlicher. Wurde aber einem eine Freude bereitet, so war es eine Freude, und er hatte sich danach zu benehmen —" So ist alles von den Erwachsenen vorausbestimmt und vorausbewertet:

> . . . „Sie sagen mein und nennen das Besitz,
> wenn jedes Ding sich schließt, dem sie sich nahn . . .
> So sagen sie: mein Leben, meine Frau,
> mein Hund, mein Kind, und wissen doch genau,
> daß alles: Leben, Frau und Hund und Kind
> fremde Gebilde sind, daran sie blind
> mit ihren ausgestreckten Händen stoßen . . ."

(Stundenbuch 1901) Solches Wertbestimmen ist dem Kinde fremd, aber es muß sich hineinfinden lernen. „In diese verabredeten Grenzen ging denn auch alles hinein; die langen, gleichmäßigen Schulstunden, wenn draußen der Sommer war —" und schärfer heißt es später: „Ich weiß ja nicht einmal, wie es möglich ist, daß die Schulkinder aufstehn in den Kammern voll grauriechender Kälte; wer sie bestärkt, die überstürzten Skelettchen, daß sie hinauslaufen in die erwachsene Stadt." Solches Mitleid klingt schon im Buche der Bilder (1902—1906, Kindheit):

> „Da rinnt der Schule lange Angst und Zeit
> mit Warten hin, mit lauter dumpfen Dingen.
> O Einsamkeit, o schweres Zeitverbringen."

Aber dann sind die Spiele der Kinder da:

> „Und stundenlang am großen, grauen Teiche
> mit einem kleinen Segelschiff zu knien;
> es zu vergessen, weil noch andre gleiche
> und schönere Segel durch die Ringe ziehn. —"

Wie Wehmut wächst dem Erwachsenen die Erinnerung: „Vielleicht ist Wind über dem großen Teich, der so wirkliches Wasser hat, und es kommen Kinder, die ihre Schiffe mit den roten Segeln hineinlassen und zuschauen." Und aus der Erinnerung an diese Zeiten kommt ihm ein neues Verständnis für die Nöte und Aufgaben der Kindheit, wie sie sich besonders an Geburtstagen zeigten. Denn die Erwachsenen, die aus dem Lande ihrer Werte kommen, fanden den Weg nicht zu dem Lande der Kinder, das noch ohne Werte ist, weil alles gleich wertvoll, und brachten Freude, die für einen anderen passend war, manchmal eine so fremde, daß „man nicht einmal jemanden wußte, dem sie gepaßt hätte: so fremd war sie." Zweimal betont der Dichter diese Erkenntnis von der Freude für einen andern im „Malte", von der Trennung dieser beiden Welten: der wertenden und der nicht wertenden, zwischen denen es wie Schleier liegt — die nicht wertende ist die des Kindes. — So heißt es vom Mädchen, es

„. . . trug bis obenhin
das Fliegende, Entfliehende, Entfernte,
das Ungeheuere. noch Unerlernte
gelassen wie die Wasserträgerin
den vollen Krug."

(1907, N. G., Die Erwachsene) Das ist „die Zeit da man nach allem greift und rein alles bekommt und da man die Dinge, die man gerade festhält, mit unbeirrbarer Einbildungskraft zu der grundfarbigen Intensität des gerade herrschenden Verlangens steigert."

„Bis mitten unterm Spiel,
verwandelnd und auf andres vorbereitend,
der erste weiße Schleier, leise gleitend,
über das aufgetane Antlitz fiel
fast undurchsichtig und sich nie mehr hebend
und irgendwie auf alle Fragen ihr
nur eine Antwort vage wiedergebend:
in dir, du Kindgewesene, in dir."

(1907, N. G., Die Erwachsene)
Dieses ist der Übergang, die Konzentration nach innen, wie sie im „Malte" so geschildert wird:
„Ich lerne sehen. Ich weiß nicht, woran es liegt, es geht alles tiefer in mich ein und bleibt nicht an der Stelle stehen, wo es sonst immer zu Ende war. Ich habe ein Inneres, von dem ich nicht wußte. Alles geht jetzt dort hin. Ich weiß nicht, was dort geschieht." Gut, daß das Sehenlernen langsam ging und nach eigener Willensrichtung, so blieb die Katastrophe erspart, die wohl hätte eintreten können, wie der Dichter sie von einem Mädchen einst so geschildert:
„Am Ende dieser Zeit störte irgendein zu heftiges Ereignis dieses doppelte, kaum sich berührende Leben, die Augen brachen gleichsam nach innen durch, und die ganze Schwere des Äußeren fiel durch sie in das dunkle Herz hinein, und jeder Tag stürzte mit solcher Wucht in die tiefen, steilen Blicke, daß er in der engen Brust zersprang wie ein Glas. Da wurde das junge Mädchen blaß, begann zu kränkeln, einsam zu werden, nachzudenken, und endlich suchte es selbst jene

Stille auf, darin die Gedanken wahrscheinlich nicht mehr gestört werden." (Gesch. v. l. Gott. 1904)
Das sind die krisenhaften Jahre, wo alles von einem abfällt: jenes ist verloren und dieses noch nicht gewonnen. Aber „was für ein Leben ist das eigentlich: ohne Haus, ohne ererbte Dinge, ohne Hunde. Hätte man doch wenigstens seine Erinnerungen. Aber wer hat die? Wäre die Kindheit da, sie ist wie vergraben. —" Daraus erwächst das Grübeln über den Sinn aller dieser Dinge, das Verneinen des Jünglings, der die Weltschöpfung von vorne beginnt. „Ist es möglich, daß die ganze Weltgeschichte mißverstanden ist? — Ja, es ist möglich." „Ist es möglich, daß man ‚die Frauen' sagt, ‚die Kinder', ‚die Knaben' und nicht ahnt (bei aller Bildung nicht ahnt), daß diese Worte längst keine Mehrzahl mehr haben, sondern nur unzählige Einzahlen." Und wir erinnern uns an die falsche Sicherheit der Erwachsenen (sie sagen „mein"):

„Denn die andern
wollens nicht hören, daß ihr armes Wandern
mit keinem Dinge rings zusammenhängt,
daß sie, von ihrer Habe fortgedrängt,
nicht anerkannt von ihrem Eigentume,
das Weib so wenig haben wie die Blume,
die eines fremden Lebens ist für alle."

(Stundenbuch 1901)
Diese Erkenntnis bedeutet Überstehen, Reifen. Aus solchen Erfahrungen erwacht die Sehnsucht nach der Kindheit. „Wäre die Kindheit da, sie ist wie vergraben." Schon einmal hat uns der Dichter erzählt — weniger uns als „dem Dunkel" — von einem Menschen, der ausging, seine Kindheit zu suchen (Gesch. v. l. Gott), und läßt in diesem Thema das Gottahnen einfließen; auch im „Malte" kehrt dieses Motiv als Hauptmoment in der Krönung des Werkes, in der Legende „dessen, der nicht geliebt werden wollte", wieder. Es ist die Entscheidung für die Heimkehr, die aus diesem Sehnen stammt. „Er dachte vor allem an die Kindheit, sie kam ihm, je ruhiger er sich besann, desto ungetaner vor; alle ihre Erinnerungen hatten das Vage von Ahnungen an sich, und daß sie als vergangen galten, machte sie nahezu zukünftig. Dies alles noch einmal und nun wirklich auf sich zu nehmen, war der Grund, weshalb der Entfremdete heimkehrte."
So ist hier das Heimkehren wirklich vorhanden, der Ring geschlossen, während sich früher die Enden nur zusammenbiegen oder hoffnungslos auseinanderstarren, wie es noch anklingend an die obigen Worte

im „Auszug des verlorenen Sohnes“ (1907, N. G.) heißt:

„Dies alles auf sich nehmen und vergebens
vielleicht Gehaltnes fallen lassen, um
allein zu sterben, wissend nicht warum —
Ist das der Eingang eines neuen Lebens?“

Im „Malte“ ist, hinaus über die bange Frage nach der Berechtigung des Scheidens von der Kindheit, bereits die Rückkehr zur Kindheit gefunden. Darin gipfelt der „Malte“ und die Reife seines Dichters. — Das Gespenstische und Phantastische gibt den Eingangsakkord seiner Kindheit neben dem Gefühl von der Vertrautheit und Nähe aller Dinge, die erst durch den Maßstab der Erwachsenen verwirrt werden. Dann kommt die Zeit, wo die Welt außen untergeht vor der Welt, die innen auftaucht und völlig ausfüllt. Und so wird er ein Fremdling. Bis sich dieser Fremdling aufmacht und das Land seiner Kindheit sucht, weil ihm dieser Besitz mit seinen Gefahren und Feindschaften als der köstlichste dünkt. Das ist die Biographie des Dichters, von innen her gesehen.

Nun können wir von der persönlichen Peripherie des Kreises der sinnlichen Wirklichkeit den Vorstoß zum unpersönlichen Zentrum wagen. War der Dichter zur Reife des Anschauens in der Weise der Kinder zurückgelangt, so wird er dieses Schauen und Können in der Schilderung von räumlichem und zeitlichem Geschehen, von Dinglichem und Menschlichem beweisen.

II

DER KREIS DER SINNLICH-UNPERSÖNLICHEN WIRKLICHKEIT

1. Landschaft

An einem herbstlichen Morgen geht Malte durch die Tuilerien. Noch ist der Kampf zwischen Grauem und Hellem. Aber „einzelne Blumen in den langen Beeten standen auf und sagten: Rot, mit einer erschrockenen Stimme."

„Und draußen war ein Tag aus Blau und Grün
mit einem Ruf von Rot an hellen Stellen."

(Buch der Bilder, 1903)
Es kommen bald die Tage, „wo alles um einen licht ist, leicht, kaum angegeben in der hellen Luft und doch deutlich." Das ist jene Klarheit, wo Natur malt

„mit dem weichen Pinsel,
der ein firnisklares aufgelöstes
Lächeln glänzend zu enthalten schien."

(1908, N. G., Die Parke) Dieses Glänzen findet sich, allerdings matter, schon in dem müden Gedicht

„und nur der Herbst hat dorten irgendwas
Versöhnliches und Fernes; manchesmal
sind seine Abende von sanftem Schmelze."

(Die Frühen Gedichte 1909, wo das Lied aus dem Bande „Mir zur Feier" deutlicher umgearbeitet ist.) Alles ist auf das Flächenhafte bezogen, das Nächste und das Ferne sind aufgemalt „wie auf Seide". So ist die Annäherung im Licht ähnlich bezeichnet wie früher die gleiche im Dämmern:

„bis sich die Dinge nicht mehr unterscheiden.
Und halb im Traume hauchen sie sich zu:
wie wir uns alle heimlich verkleiden,
in graue Seiden
alle uns kleiden —"

(Mir zur Feier, 1899) —

Winter ist's. Schlittenfahrt im Schnee. Nicht so wild, wie einst in St. Petersburg (1908, N. G.), aber still hinaus, „als führe man in ein weißes Blatt". Man ist im Park. Nur das Schlittengeläut tönt, „es war, als hängte es sich in Trauben rechts und links an die Bäume". Das ist dieselbe sinnlich-plastische Vorstellung wie beim Glockengeläut in Brügge:

„Und oben blieb? — Die Stille nur, ich glaube,
und kostet langsam und von nichts gedrängt
Beere um Beere aus der süßen Traube
des Glockenspiels, das in den Himmeln hängt."

(1907, N. G.) Ähnlich wirklich, aber in anderer Wendung, heißt es schon früher vom Nachhall der Glocken:

„und nur Fäden ihres Klanges hingen noch
an den Türmen über der Dämmerung."

(Gesch. v. l. Gott, 1904) —
Es wird Frühling. Das sind solche Tage: „Der Wind war erregt, neu, mild, und alles stieg auf: Gerüche, Rufe, Glocken." „Fensterflügel oben öffneten sich mit gläsernem Aufklang, und ihr Glänzen flog wie ein weißer Vogel über die Straße."

„Es war, als ob die Dinge sich bekränzten,
sie standen licht, unendlich leicht besonnt;
ein Fühlen war in jeder Häuserfront,
und viele Fenster gingen auf und glänzten."

(Buch der Bilder) Das war im Mai 1903 in Paris, wo der gleiche Ton der Heiterkeit in diesem Aufgehen war, wie wir ihn im „Malte" finden; verwandt ist der müde Ton aus dem Buche „Mir zur Feier" (1899):

„Es schenken sich die müden Mauermassen
die letzten Fensterblicke, hell und heiß . . ."

Die Stimmung wird noch trüber in dem Gedicht „Aus einem April":

„aber nach langen, regnenden Nachmittagen
kommen die goldübersonnten
neueren Stunden,
vor denen flüchtend, an fernen Häuserfronten
alle die wunden
Fenster furchtsam mit Flügeln schlagen."

(Buch der Bilder, 1902—1906)
Frühlingsabend: „Der Tagwind hatte sich gelegt, die Gassen waren

lang und befriedigt; an ihrem Ausgang schimmerten Häuser, neu — wie frische Bruchstellen eines weißen Metalls. Aber es war ein Metall, das einen überraschte durch seine Leichtigkeit."

Eine solche knappe Schilderung mit dem Motiv des Offenen, des Aufgebrochenen und dabei mit dieser Leichtigkeit des Gefühls ohne jegliche Schwermut ist neu, noch 1908 ist der Ausgang der Ortschaft tragisch erfaßt, nur leise gemildert durch den

„Tropfen kühlen Blaus,
der die Nacht schon in den Abend mischt,
so daß das von ferne Angefachte
sachte, wie erlöst, verlischt."

(1908, N. G., Landschaft)

Und das Jahr steigt zur Höhe im Juli. Es ist eine Frühstunde, „eine neue, ausgeruhte". „Die Dinge schwingen ineinander hinüber und hinaus in die Luft, und ihre Kühle macht den Schatten klar und die Sonne zu einem leichten, geistigen Schein." „In Abelonens kleiner Handlung aber war das Ganze nochmal." „Ihre im Schattigen hellen Hände" arbeiteten flink und lösten die roten, runden Johannisbeeren von den Stengeln.

Man halte gegen diese meisterhafte Schilderung, die weiter nichts will, als das sagen, was ist, jene Poesie der Jugend, wo alles Übliche und Überflüssige gesagt ist, wo die Malerei nachgeahmt, aber das Wesentliche ausgelassen wird:

„Ich träume tief im Weingerank
mit meiner blonden Kleinen;
es bebt ihr Händchen, elfenschlank,
im heißen Zwang der meinen.
So wie ein gelbes Eichhorn huscht
das Licht hin im Reflexe,
und violetter Schatten tuscht
ins weiße Kleid ihr Kleckse.
In unsrer Brust liegt glückverschneit
goldsonniges Verstummen.
Da kommt in seinem Sammetkleid
ein Hummel — Segen summen . . ."

(Traumgekrönt, 1897) —

Und nun, um den Reigen zu schließen, ein Herbst in Venedig.

„Und eines Morgens ist das andre da, das wirkliche, wache, bis zum Zerspringen spröde, durchaus nicht erträumte: das mitten im Nichts auf versenkten Wäldern gewollte, erzwungene und endlich so durch und durch vorhandene Venedig. Der abgehärtete, auf das Nötigste beschränkte Körper, durch den das nachtwache Arsenal das Blut seiner Arbeit trieb ..."

„Die gläsernen Paläste klingen spröder
an deinen Blick. ...
Aber vom Grund aus alten Waldskeletten
steigt Willen auf: als sollte über Nacht
der General des Meeres die Galeeren
verdoppeln in dem wachen Arsenal ..."

(1908, N. G., Spätherbst in Venedig)
Das ist das vertraute Venedig, von dem es schon 1902 heißt: „Übrigens sind Sie den ersten Winter in Venedig?" „Ja. Aber ich kann mir nicht denken, daß es jemals anders war." Und so wird die Stadt immer deutlicher erkannt: „Die Stadt der Paläste, der Abenteuer und der blassen Lagunennächte, die wie keine anderen Nächte sonst, den Ton von heimlichen Romanzen tragen." (Gesch. v. l. Gott, 1904) Sie ist wie eine Kurtisane (1907, N. G.), es gibt einen venezianischen Morgen (1904 und 1908), und es gibt einen so spröden, klingenden Herbst nach dem weichen „opiatischen" Venedig des Sommers und Frühjahrs. Das Dunkel ist gehäuft in San Marco als Gegengewicht zu dem Licht, in dem die Dinge vergehn. Und das Sinnbild des Staates ist der Doge, dieses steinerne, an Größe wachsende Bild (alles 1908, N. G.).

Das ist die Stadt, das sind Landschaften im Wechsel der Jahreszeiten, Landschaften, die nicht durch sogenannte Vermenschlichung belebt sind, sondern durch ein Erkennen des Charakteristischen, wie es nur bei namenloser Selbstverleugnung möglich, bei völligem Abtun aller eignen Wünsche und Stimmungen. Dabei ist der Dichter nicht der Gefahr erlegen, solche, einmal als deutlich erkannten Merkmale nun etwa stereotyp zu gebrauchen, sondern die Note wechselt, wie eben auch kein Frühlingstag dem andern gleicht. Man erinnere sich an das „erschrockene Rot-sagen" und „das Rotrufen", an die Helligkeitsgrade der Herbsttage — „alles Licht" — „firnisklar-glänzend" — „sanfter Schmelz" — „gläsern-spröde", man denke an die Flächenbeziehung der hellen und dämmernden Stunden — „wie auf Seide", „in grauen Seiden", an das Schellengeläut und Glockengeläut wie „Trauben" oder den Nachhall „wie Fäden", man beachte die verschiedenen Schattierungen, die in das Bild kommen je nach der Art der aufgehenden Fensterflügel und schließlich das Motiv des Offnen im Ausgang der Ortschaft.

2. Porträt

Fast wie Landschaften sind auch die Porträts. Aber das Dingliche ist dem Meister stets wichtiger gewesen als das Menschliche, nur zögernd, sparsam, hat er es bisweilen unternommen, Gesichter zu zeigen. Und wenn er bei einem Antlitz verweilt, so springt er sofort über zum Größeren, zum Werk. Das Persönliche sind ihm „Orte und Daten, eingetragen in die Berg- und Flußkarte (des) Werkes" (Rodin). Da hat er uns früher Rodins Mienen gezeichnet in verschiedenen Altersstufen. Da hat er sich selber 1906 porträtiert und seinen Vater (1907, N. G.), nun gibt er in kurzen Strichen Beethovens „wissendes Gesicht". „Diesen harten Knoten aus fest zusammengezogenen Sinnen." Gelegentlich wird ein indirektes Moment genannt, aber das genügt auch, so z. B. bei der Zeichnung des Marquis Belmare:

„Für diese (seine) Augen hätte nichts da sein müssen, die hattens in sich. Du hast von Venedig gehört? Gut. Ich sage dir, die hätten Venedig hier hereingesehen in dieses Zimmer, daß es da gewesen wäre, wie der Tisch."

Ähnlich heißt es früher von Balzac: „Das war der Mann, dessen Augen keiner Dinge bedurften; wäre die Welt leer gewesen: seine Blicke hätten sie eingerichtet." (Rodin)

Und nun kommt das Bild des toten Vaters:

„Sein schönes Gesicht, darin die Augen geschlossen worden waren, hatten einen Ausdruck höflichen Erinnerns. Er war eingekleidet in die Jägermeistersuniform ... Die Hände waren nicht gefaltet, sie lagen schräg übereinander und sahen nachgemacht und sinnlos aus."

Man vergleiche dazu das Jugendbild des Vaters:

„Um den Mund enorm
viel Jugend, ungelächelte Verführung,
und vor der vollen schmückenden Verschnürung
der schlanken adeligen Uniform
der Säbelkorb und beide Hände —, die
abwarten, ruhig, zu nichts hingedrängt.
Und nun fast nicht mehr sichtbar: als ob sie
zuerst, die Fernesgreifenden, verschwänden ..."

(1907, N. G.)

Solche Porträts sind bei Rilke selten, er schildert eigentlich nur indirekt oder wie Dinge: denn bei Beethoven ist's die Totenmaske, beim Vater die Leiche und ein Daguerreotyp aus der Jugendzeit. Und bei der Schilderung der Augen? Was ist von diesen direkt ausgesagt? Nichts. Nur von ihrem lebendigen Wirken ist etwas gesagt.

So müßte eigentlich das Porträt zur Behandlung des Dinglichen gestellt werden.

3. Historie

Wenn nun ein solcher Meister sich zur Darstellung der Landschaft in der Zeit, der Geschichte, wendet, so wird er nicht die bekannten theatralischen Gesten und Staatsaktionen schildern, sondern er wird das Unbeachtete hervorziehen und von dort aus das Ewig-Menschliche in allem Geschehen deutlich machen.

Schon in dem Buch der Bilder begegnet uns ein Gedichtkreis „Die Zaren" (1899 und 1906), wo er vom Merkwürdigen und vom Ungewöhnlichen dieser Lebensluft ausgeht; im „Stundenbuch" (1899) heißt es:

> „Mein Leben hat das gleiche Kleid und Haar
> wie aller alten Zaren Sterbestunde",

in den „Geschichten v. l. Gott" grenzt Rußland gerade an Gott und erfährt den Verrat, weil ein Zar Gott betrügt; im zweiten Bande des „Malte" findet sich die Schilderung des Endes des falschen Demetrius 1606. Alles dreht sich um die Bestätigung der Mutter: ob sie ihn als Sohn anerkennt. „Ob aber seine Unsicherheit nicht gerade damit begann, daß sie ihn anerkannte? Ich bin nicht abgeneigt zu glauben, die Kraft seiner Verwandlung hätte darin beruht, niemandes Sohn mehr zu sein. (Das ist schließlich die Kraft aller jungen Leute, die fortgegangen sind.)"

So wächst aus dem zufälligen Geschehen riesenhaft das Problem des „Verlorenen Sohnes," das Problem vom Fortgehen und Lassenkönnen:

> „Nun fortzugehn von alledem Verworrnen,
> das unser ist und uns doch nicht gehört . .
> und dann doch fortzugehen Hand aus Hand,
> als ob man ein Geheiltes neu zerrisse . . ."

(1907, N. G.)

Und einfacher wird dasselbe Problem noch einmal im „Malte" berührt bei der Schilderung der Mädchen, die fortgegangen sind aus der Familie. „Der Weg ist irgendwie enger geworden: Familien können nicht mehr zu Gott."

Und zurück zu dem falschen Zaren: trotz der schließlichen Verleugnung durch die Zarin-Mutter raffte er sich noch einmal auf zum Willen, zum dämonischen Willen, der zu sein, der er vorgab — „sonst versteht man nicht, wie glänzend konsequent es ist, daß sie sein Nachtkleid durchbohrten und in ihm herumstachen, ob sie auf das Harte einer Person stoßen würden. Und daß er im Tode doch noch die Maske trug, drei Tage lang, auf die er fast schon verzichtet hatte."

Damit ist eine neue Problemstellung angeregt: von Leben und Maskerade. — „Noch ist die Welt voll Rollen, die wir spielen." (1907, N. G.) — Doch hierauf wird später einzugehen sein.

Und dann kommt die Geschichte vom Tode Karls des Kühnen 1477. Seine Gefahr ist sein Blut. „Es konnte ihm selber grauenhaft fremd sein, dieses behende, halbportugiesische Blut." „Es gehörte unglaubliche Vorsicht dazu, mit diesem Blute zu leben."

Es ist die Zeit, in der das Blut in den Menschen gleichsam neu entdeckt ist und alle überwältigt. Es ist die Zeit Lorenzos de Medici, des Dichters des „Trionfo." In ihm „wird, wie in den meisten Liedern jener Zeit, das Leben gefeiert, diese Geige mit den lichten, singenden Saiten und ihrem dunklen Hintergrund: dem Rauschen des Blutes." (Gesch. v. l. Gott, 1904) Und noch Frauen im Ausgang des 16. Jahrhunderts brechen in die Klage aus:

Monna Lara spricht:

„Wie aber konntest du's
so lange tragen? Ich vermag's kaum mehr.
Wenn ich mir denke, daß ich noch ein Jahr
herumgehn soll mit unerklärtem Blut,
unausgeruht — von meinem eignen Haar
hochmütig übersehen wie ein Kind,
allein und blind inmitten meiner Brände . . ."

Die weiße Fürstin spricht:

„Mein Blut war übervoll.
Oft rief es laut, daß ich davon erwachte,
mich weinend fand und in die Stille lachte
und in mein Kissen biß, bis es zerriß."

(Die weiße Fürstin, 1909)

Selbst die „Heilige" tut Wunder durch die Liebe:

„Jetzt ging sie blühend über ihrem Blute,
und rauschend ging ihr Blut tief unter ihr."

(Buch der Bilder, 1902—1906)

Wie müde ist das Blut der Frau unserer Zeit, um die der Dichter im „Requiem" (1909) klagt:

„Du triebst es an, du stießest es nach vorn,
Du zerrtest es zur Feuerstelle, wie

man eine Herde Tiere zerrt zum Opfer;
und wolltest noch, es sollte dabei froh sein.
Und du erzwangst es schließlich: es war froh
und lief herbei und gab sich hin."

Anders war das Blut Karls des Kühnen, „aber die Hörner von Uri verrieten ihn. Seither wußte sein Blut, daß es in einem Verlorenen war: und wollte heraus." Und dann kommt das Suchen nach dem Leichnam in der Nacht, keiner will an seinen Tod glauben. „Alle diese Menschen, ohne es recht zu wissen, bestanden jetzt auf ihn. Das Schicksal, das er über sie gebracht hatte, war nur erträglich durch seine Gestalt. Sie hatten so schwer erlernt, daß er war; nun aber, da sie ihn kannten, fanden sie, daß er gut zu merken sei und nicht zu vergessen." So wird der Tote wirklicher und stärker als der Lebende. Und als der Leichnam endlich gefunden und aufgebahrt ist, prunkvoll und deutlich, da macht der Narr seine Glossen am Toten, denn „der Tod kam ihm vor wie ein Puppenspieler, der rasch einen Herzog braucht." Auch der Tod spielt Theater. Wieder klingt es in die Ironie von der großen Maskerade, vom Spiel des Lebens und des Todes, aus:

„Solang wir sorgen, ob wir auch gefielen,
spielt auch der Tod, obwohl er nicht gefällt."

(1907, N. G., Todes-Erfahrung)
Daß die Stärke und Wirklichkeit eines Toten stärker sein kann als die eines Lebenden, ist eine Erfahrung, die unserer Zeit in ganz besonderem Maße eigen ist, sie entstammt aus dem Religiösen. So erklärt sich hier blitzhaft Rilkes Arbeit für den verstorbenen Maurice de Guérin, um den sich ausbreitet „die Legende derer, die früh hingegangen sind; das Gerücht, das um die jungen Toten rauscht; die lange Klage, die sie verdeckt; der Ruf hinter ihnen, der alte, in der Natur hinsuchende Ruf —: das Linos-Lied, in dem sie beisammen sind und einander nicht sehen." (1911, Maurice de Guérin, Der Kentauer, übertragen durch R. M. Rilke)
Und auch auf Rilkes letzte Übertragung „Die Liebe der Magdalena" fällt von hier aus ein Schein. Die Liebe zu Jesus, dem Toten, zu Jesus, dem Auferstandenen, ist wachsend ungestümer und verzehrend im Vergleich mit der Liebe zu dem Lebenden.
So liegt in der Geschichte Karls des Kühnen ein Keim, der in zunächst wunderlich erscheinenden Arbeiten aufgegangen ist.
Und nun kommt das Größte: die Erzählung vom verwesenden, wahnsinnigen König Karl VI. (1380 bis 1422), „der sich erhielt unter seinem Wahnsinn wie Wachsblumen unter einem Glassturz." „So hielt er

sich hin, und es war einer jener Augenblicke, die die Ewigkeit sind, in Verkürzung gesehen." Da erinnern wir uns der Verse vom „Aussätzigen König":

„Da trat auf seiner Stirn der Aussatz aus
und stand auf einmal unter seiner Krone,
als wär er König über allen Graus. . . .
als machte ihn nur immer unberührter
die neue Würde, die sich übertrug."

(1908, N. G.)
In solchen Fürsten ist das Ewige eines Säulenheiligen, in dessen Wunden die Würmer wohnen:

„Und die Hirten, Ackerbauer, Flößer
sahn ihn klein und außer sich
immer mit dem ganzen Himmel reden."

(1908, N. G., Der Stylit)
So waren Himmel und Hölle in diesem Karl vereint wie in dem ganzen Jahrhundert seit Beginn der avignonesischen Zeit, die vor allem seit dem Pontifikat Johannes XXII. zu rechnen ist, dessen, der selber der Ketzerei beschuldigt wurde. Und dieses Gemisch von Himmel und Hölle, Treue und Verrat, wohnte es nicht in aller Herzen in diesen Zeiten? Gaston de Foix tötete seinen eigenen Sohn durch „den grauenvollen Zufall, daß er das kleine scharfe Nagelmesser nicht fortgelegt hatte, als er mit seiner berühmt schönen Hand in zuckendem Vorwurf den bloßen Hals seines liegenden Sohnes streifte." Wer erinnert sich hier nicht, und hier wohl zum einzigen Male, an das Werk eines andern, an Jakobsens Frau Maria Grubbe? An den Anschlag der geschmeidigen, katzenartigen Hand, die mit dem Brotmesser spielt, auf Ulrik Frederik? „Vielleicht nur, weil das Messer kalt war und die Brust warm?"

„Doch während wir uns aneinander drücken,
um nicht zu sehen wie es ringsum naht,
kann es aus dir, kann es aus mir sich zücken:
denn unsre Seelen leben von Verrat."

(1907, N. G., Östliches Taglied)
Und nun zum Schluß dieser historischen Landschaften sei einer merkwürdigen Stelle gedacht, wo im „Malte" die Antike erlebt wird, „die konsequente Kultur", die heil war, weil die „himmlische Hälfte an die halbrunde Schale des Daseins gepaßt" ward, „wie zwei volle Hemisphären zu einer heilen, goldenen Kugel zusammengehen".

Das Gleichnis ist im „Malte" schon einmal verwandt; es handelt sich um den voll und sicher in das Gewinde eingreifenden Deckel einer Büchse. Aber wie wenige Deckel sitzen so sicher und haben diese „nicht zu übertreffende Befriedigung".

„Hier zeigt es sich so recht, wie verwirrend der Umgang mit den Menschen auf die Dinge gewirkt hat. Die Menschen nämlich, wenn es angeht, sie ganz vorübergehend mit solchen Deckeln zu vergleichen, sitzen höchst ungern und schlecht auf ihren Beschäftigungen . . . — Die Dinge sehen das nun schon seit Jahrhunderten an. Es ist kein Wunder, wenn sie verdorben sind —"

„Ich will immer warnen und wehren: bleibt fern.
Die Dinge singen hör ich so gern.
Ihr rührt sie an: sie sind starr und stumm.
Ihr bringt mir alle die Dinge um."

(Mir zur Feier, 1899)

So erwächst hier aus demselben, anders gewandten Bilde das Gleichnis unserer disharmonischen Zeit. Der Hinweis auf die frohe Kultur der Antike in dieser Deutlichkeit findet sich meines Wissens hier zum erstenmal, vielleicht, daß der Dichter schon damals sich mit dem „Kentauer" beschäftigte, jedenfalls liegt hier ein zweiter Hinweis auf das nächste Werk, auf die schon erwähnte Übertragung der entzückenden kleinen Arbeit des Maurice de Guérin.

4. Dingliches

Schon das letzte Gleichnis führte zu den Dingen, schon die Betrachtung der Porträts wies auf dieses Zentrum, nun stehen wir im Mittelpunkte des ersten Kreises, im Reich des Zuständlichen, Rilkes erster Heimat.

„Wozu sich gewöhnen an das, was andere glauben? Hat das etwa mehr Wahrheit, als was man glaubt im ersten starken Kindervertrauen? Ich kann mich noch erinnern. . . da hatte jedes Ding einen besonderen Sinn, und es gab unzählbar viele Dinge. Und keines war mehr im Werte als ein anderes. Gerechtigkeit war über ihnen." (1902, Die Letzten)

Malte ist nach Paris gekommen, er schreibt am 11. September: „So, also hierher kommen die Leute, um zu leben, ich würde eher meinen, es stürbe sich hier. Ich bin ausgewesen. Ich habe gesehen: Hospitäler." Er hat die Entbindungsanstalt, das Militärlazarett gesehen, und „es roch, soviel sich unterscheiden ließ, nach Jodoform, nach dem Fett von pommes frites, nach Angst." Er hat das Nachtasyl gesehen, ein „starblindes Haus" und ein dickes, grünliches Kind mit häßlichem Ausschlag.

„Da leben Menschen, weißerblühte, blasse
und sterben staunend an der schweren Welt . . .
Sie sind gegeben unter hundert Quäler,
und, angeschrien von jeder Stunde Schlag,
kreisen sie einsam um die Hospitäler
und warten angstvoll auf den Einlaßtag."

(Stundenbuch, 1903)

Daneben stehen freundliche Beobachtungen von starker Deutlichkeit: ein Handwagen mit einem Leierkasten und einem Kinderkorb. Wenn die Frau dreht, stampft die Kleine mit den Beinchen. Oder Malte geht an den Buchantiquaren in der Rue de Seine vorbei. Es ist dort das „frische oder vernutzte Gelb der Bücher, das violette Braun der Bände, das größere Grün einer Mappe." Und eine Katze streicht die Bücherreihen entlang.

„Es dämmern im Bücherständer
die Bände in Gold und Braun . . ."

(Buch der Bilder, 1902. Erinnerung)

Ein blinder Mann schiebt einen Gemüsewagen, die Frau stößt ihn an, wenn er schreien soll. Dann schreit er: chou-fleur, chou-fleur. Und dieses Gesicht wird überboten von einem größeren, vielleicht dem schrecklichsten. Denn ein Vorbeigehen ist nicht möglich, Auswahl und Ablehnung gibt es nicht. Das ist der Bericht über die Innenwand, die den Rest eines abgebrochenen Hauses enthielt: man sah die Stockwerke und den Gang der Abortröhre, man sah die vom Licht veränderten Tapetenfarben, die Umrisse der Bilder und Schränke, noch stand die Stubenluft aus den Winkeln heraus: Krankheiten und Ausgeatmetes und Ausdünstungen, „der Angstgeruch der Kinder, die in die Schule gehen, und das Schwüle aus den Betten mannbarer Knaben."

Mir ist nichts bekannt, was sich mit der Intensität dieser wirklich-unwirklichen Zustände, ihrem Erleben und Schildern messen könnte. Aber so sehr ist diese Kunst über das höfische Empfinden unserer Gefühlsschwäche hinausgewachsen, daß alles den Nachgeschmack des Ekels oder der Schämigkeit verliert, weil es so unendlich schlicht, nüchtern und deutlich gesagt ist. O über die Unkeuschen in der Kunst, die da glauben, mit Halbheiten oder Umwegen sich loskaufen zu können, mit einigen Brocken für das Humanitätsgefühl! Warum hat Rilke nichts erlebt von der Liebe der Mütter, die doch auch aus diesen Wänden hätte ausbrechen können? Weil sie eben nicht zu spüren war, weil es Tragik war ohne die Galanterie für schwache Nerven, die die Spitzen der Hutnadeln sichert, weil nichts die Stärke dieses greifhaften Erkennens, weil nichts dieses Elend mildern darf, um uns den Zucker eines rührseligen Gefühls drüber zu streuen, der für den Künstler kränkend-unwahr wäre, ähnlich wie sich die Maler über die Liebesszene im Mondschein ärgern:

„Da ist schon wieder dieses verdammte
novellistische Element."

(Gesch. v. l. Gott, 1904)
Vorbereitet ist dieses Erleben in der großen Anklage gegen die großen Städte (Stundenbuch 1903) und ihre Lügenhaftigkeit, wo alles sich zum Gift umsetzt; die vielen Menschen leben in der Städte Schuld, sie könnten die großen Armen Gottes sein, sie sind aber nur „die Nicht-Reichen".

„Zu ihnen drängt sich aller Staub der Städte,
und aller Unrat hängt sich an sie an . . .
und doch: wenn deine Erde Nöte hätte:
sie reihte sie an eine Rosenkette
und trüge sie wie einen Talisman."

Das mag trösten: daß in dieser absoluten Elendigkeit, Krankheit und Verkommenheit immer noch mehr Wahrhaftigkeit steckt als in aller mit Gefühlen ausgeschlagenen Bescheidenheit der Bemittelten. Und wenn es noch einer Entschuldigung bedürfte! Wie ist der Dichter gebrochen, wie tief ist sein Elend! Aber er ahnt es schon: „Die Zeit der anderen Auslegung wird anbrechen, und es wird kein Wort auf dem andern bleiben, und jeder Sinn wird wie Wolken sich auflösen und wie Wasser niedergehen." Muß sie nicht kommen, eine solche Zeit, da diesem Schauenden, diesem Willigen, der sich keiner Impression verschließt, auch die letzten Zusammenhänge der Dinge sich öffnen? Aber das wird nur den Unbedingten gegeben, nicht denen, die sich um die Wirklichkeit des Lebens im grauen Mantel der verzichtenden Höflichkeit herumdrücken. Bedarf es noch einer Erklärung, daß die Menschen dieser Räume dinghaft geworden sind von gleicher Deutlichkeit wie diese Stubenreste?
Malte trifft sie im Warteraum der öffentlichen Klinik, da sind sie alle beisammen: der dicke Mann „mit rotem, angeschwollenem Halse", der klatschend spuckt, das Kind, das die Beine an sich gezogen hat und Abschied von ihnen nimmt, die Frau mit der Grimasse des Lächelns und den beständig übergehenden wunden Lidern — und wie sie alle dasitzen in ihrer unzweideutigen Bestimmtheit. Und wie bei dem Anblick der Innenwand steigt in Malte die Furcht

vor dem Großen, „das, was mir das erste, tiefe Entsetzen eingejagt hatte, wenn ich als Kind im Fieber lag, das Große". Und dann fällt er in schwere Krankheit.
Von diesen Fortgeworfenen, zu denen Malte damals gezählt wurde, wird später noch etwas auszusagen sein. —
Es haftete noch allen diesen Dingen Menschliches an, scheinbar nach den überkommenen Begriffen von der Teilung des Lebens zwischen Mensch und Ding. Ein Leben für sich als Ding taucht im Malte zunächst verhältnismäßig wenig auf, weil sich das Ganze auf dieser Voraussetzung aufbaut. Denn eigentlich ist alles in diese Art zu sehen hineingerückt: auch die Menschen (wie wir schon sahen und noch sehen werden), auch die Gefühle haben etwas Dinghaft-Begrenztes und darum Leichtes. Hier ist noch hervorzuheben die Betrachtung der Teppiche der Dame à la Licorne. Das hochmütige Steigen der Wappentiere kennen wir bereits aus der Wirklichkeit, von der Sterbezeit des Großvaters, wo die Windhunde sich „wie Wappenhunde" aufhoben. Dem Einhorn mit seiner märchenhaften Gestalt ist ein besonderes Verstehen eigen: „aber rechts das Einhorn begreift", „das Einhorn aber ist schön, wie in Wellen bewegt", „das Tier bäumt sich geschmeichelt auf und steigt und stützt sich auf ihren Schoß. Es ist ein Spiegel, was sie hält. Siehst du, sie zeigt dem Einhorn sein Bild."

„Das Maul mit seinem rosagrauen Flaum
war leicht gerafft, so daß ein wenig Weiß
(weißer als alles) von den Zähnen glänzte:
die Nüstern nahmen auf und lechzten leis.
Doch seine Blicke, die kein Ding begrenzte,
warfen sich Bilder in den Raum
und schlossen einen blauen Sagenkreis."

(1907, N. G., Das Einhorn)
Wie hier von dem Liebenden die Teppiche studiert werden mit tiefem Wissen, wie alles zum Symbol wird in der Liebe, so hat schon der Knabe staunend zu enträtseln versucht die Spitzenmuster, die er mit seiner Mutter zusammen in festlichen Stunden betrachtet. Und auch damals steht das Gedächtnis an Ingeborg liebeweckend dahinter. Und der Knabe meint, „die sind gewiß in den Himmel gekommen, die das gemacht haben." Und die Mutter erwidert: „In den Himmel? Ich glaube, sie sind ganz und gar da drin. Wenn man das so sieht; das kann gut eine ewige Seligkeit sein. Man weiß ja so wenig darüber."

„Du Langvergangene und schließlich Blinde,
ist deine Seligkeit in diesem Ding,
zu welcher hin, wie zwischen Stamm und Rinde,
dein großes Fühlen, kleinverwandelt, ging?
... Und endlich wurde doch, um jeden Preis,
dies Ding daraus, nicht leichter als das Leben
und doch vollendet und so schön, als sei's
nicht mehr zu früh zu lächeln und zu schweben."

(1907, N. G., Die Spitze)
So geht in die Dinge Schicksal ein. Ich erinnere noch an das Gleichnis von dem Deckel, der auf die Rundung sich einfügt und von dem, der nur schief und ungeschickt, bereit herabzufallen und zu klappern, aufgesetzt ist. Da ist ferner jenes Schmucketui ein Gleichnis, es ist leer, man sieht deutlich die Schmuckrille, die etwas heller ist als der andere Samt. Aber alles zeigt nur: Leere. „Einen Augenblick war das auszuhalten. Aber vor denen, die als Geliebte zurückbleiben, ist es vielleicht immer so." Ähnlich ist das frühere Gleichnis von dem durch den Gebrauch des Königs geehrten Glas, das in die Vitrine gestellt ist, wie eine Frau, die einen schicksalsgroßen Augenblick erlebte, um dann das ganze Leben lang abseits zu stehen, geschont — aber „fremd, wie eine Fortgeliehene", die einfach alt wurde. (1907, N. G., Ein Frauen-Schicksal)

5. Menschliches

Fast unmerklich vollzieht sich der Übergang von diesen schicksalsschweren Dingen zu dem dinghaften Wesen menschlicher Zustände, besonders zu den Armen und Elenden:

„Sie sind so still, fast gleichen sie den Dingen."

(Stundenbuch, 1903)
Einst fühlte sich der Dichter selber wie vom Leben verworfen unter die Schar der Ausgestoßenen, es erwuchs eine Vertraulichkeit zwischen jenen und ihm, die ihn wie Übergroßes zerbrach:

„Ich war zerstreut an Widersacher;
in Stücken war verteilt mein Ich ...
In Höfen hab ich mich gesammelt
aus Abfall und aus altem Glas"

(Stundenbuch, 1901); bis er sich aufbaute zu neuem Leben: „es sind gewisse Unterschiede da, die mich von den Menschen mehr als alles Bisherige abtrennen." Was waren das für Verstoßene des Lebens, zu denen Malte herabzugleiten drohte? „Es sind Abfälle, Schalen von Menschen, die das Schicksal ausgespien hat. Feucht vom Speichel des Schicksals kleben sie an einer Mauer, an einer Laterne, an einer Plakatsäule." Und es verfolgt ihn eine Alte mit seltsamen Gebärden, und eine graue kleine Frau gibt ihm wunderliche Zeichen wie einem Eingeweihten:

„Abends manchmal (weißt du, wie das tut?),
wenn sie plötzlich stehn und rückwärts nicken
und ein Lächeln, wie aus lauter Flicken,
zeigen unter ihrem halben Hut."

(1908, N. G., Eine von den Alten)

„Dann gibt es diese verblichenen, alternden Mädchen, die sich fortwährend ohne Widerstand hinüberlassen, starke, im Innersten ungebrauchte, die nie geliebt worden sind."

„Die Menge drängt und denkt nicht, sie zu schonen,
obwohl sie etwas zögernd sind und schwach, —
nur scheue Hunde, welche nirgends wohnen,
gehn ihnen leise eine Weile nach."

(Stundenbuch, 1903)

Es möchte manchen geben, der vielleicht auf Grund solcher Äußerungen einen Vergleich zu Dehmel ziehen möchte oder andern „sozialen" Dichtern. Ja, es könnte ihn einer zu einem zweiten Jesus machen wollen, wenn er liest: „Es kommt mir vor, als wäre das das Entscheidende: ob einer es über sich bringt, sich zu dem Aussätzigen zu legen und ihn zu erwärmen mit der Herzwärme der Liebesnächte, das kann nicht anders als gut ausgehen." Aber nein, er sagt es dann selber: „Und doch, ich weiß, wenn einer nun versuchte, sie lieb zu haben (diese verblichenen Mädchen), so wären sie schwer an ihm wie Zuweitgegangene, die aufhören zu gehn. Ich glaube, nur Jesus ertrüge sie, ... aber ihm liegt nichts an ihnen. Nur die Liebenden verführen ihn."

Ehe wir diese Frage nach dem „sozialen" Gedanken entscheiden, ist noch der Fülle ähnlicher Stoffe und Gestalten zu gedenken, die gewiß bei Rilke häufig sind.

Da sind die Bettler: „Manchmal gebe ich ihnen zwei Sous und zittere, sie könnten sie abweisen", denn die Bettler sind das Dauernde vor dem Fremden:

„Sie verkaufen
das Hohle aus ihrer Hand ...
Es zergeht in ihren zerrührten
Augen sein fremdes Gesicht;
und sie freuen sich des Verführten
und speien, wenn er spricht."

(1908, N. G., Der Bettler)
Wie wird im Stundenbuch (1903) die Armut gefeiert: die Füße, die Hände, der Mund, die Stimme der Armen, ihr Schlafen, ihr Leib, ihr Ausharren.
Und wie wird Gott gefunden in der Armut!

„Du aber bist der tiefste Mittellose,
der Bettler mit verborgenem Gesicht."

Ich erinnere ferner an „Die Stimmen" im Buch der Bilder (1902—1906), an die Lieder des Bettlers, des Blinden, des Trinkers, des Selbstmörders, der Witwe, des Idioten, der Waise, des Zwerges, des Aussätzigen. Schon im König Bohusch in den „Prager Geschichten" (1899) ist die Seele eines solchen Abseitsstehenden einzufangen versucht. Ja, die älteste Novelle Rilkes, die ich kenne, „Das Christkind" (1893), zeigt das Elend und die Seligkeit eines Stiefkindes. Wie wird nun, in der Stadt des Elends, in Paris, mit klarem Auge das Los dieser Stiefkinder der Natur erkannt werden!
Da ist der Mann, der die Vögel füttert: „Wie ein Leuchter steht er da, der ausbrennt, und leuchtet mit dem Rest von Docht und ist ganz warm davon und hat sich nie gerührt." Wenn die Zuschauer nicht störten, würde wohl ein Engel kommen und „den alten süßlichen Bissen aus der verkümmerten Hand" essen.

„Er ist vielleicht das Ding, das immer gleiche,
um das von fern die Sternenstunde geht
und der Gestirne stiller Mittelpunkt,
denn alles um ihn irrt und rinnt und prunkt."

(Buch der Bilder, 1902—1906, Pont du Carrousel)
Und dann die Verkrüppelten auf der Straße (wir kennen sie schon aus dem Warteraum), die ihren Armstumpf zeigen, sie, die „wie Ewige" sind, denn sie erhalten sich geheimnisvoll, sind immer da, in Kälte und in Nebel. Sie vergehen nicht.

„Denn selig sind, die niemals sich entfernten
und still im Regen standen ohne Dach."

(Stundenbuch, 1903)
Und vor allem die Blinden! Schon in dem ersten Novellenbändchen (1898) begegnen wir ihr, ihr, die so seltsame Stimme trägt wie ein Lied. „Sie sieht andere Schiffe auf einem andern Meer. Sie sieht in eine andere Welt. Darum ist ihre Stimme so." Dreimal ist die Blindheit im Buch der Bilder (1902—1906), der blinde Mann auf dem Pont du Carrousel, der von der Frau geführte Blinde, der singt, und schließlich das Gespräch mit der Blinden:

„Meine Blumen werden die Farben verlieren.
Meine Spiegel werden zufrieren.
In meinen Büchern werden die Zeilen verwachsen
... Nichts ist mehr mit mir verbunden.
Ich bin von allem verlassen. ....
Dann wuchs der Weg zu den Augen zu."

Wiederkehrt die Erblindete in dem ersten Teil der Neuen Gedichte 1907:

„Sie folgte langsam, und sie brauchte lang,
als wäre etwas noch nicht überstiegen;
und doch: als ob, nach einem Übergang,
sie nicht mehr gehen würde, sondern fliegen."

Dann geht der Blinde durch die Gassen von Paris (1908, N. G.):

„Sieh, er geht und unterbricht die Stadt,
die nicht ist auf seiner dunklen Stelle,
wie ein dunkler Sprung durch eine helle
Tasse geht .."

Und nun muß Malte an dem blinden Zeitungsverkäufer am Luxembourg-Garten vorüber. Den blinden Blumenkohlverkäufer, der immer ausschrie, hatten wir schon gesehen. Aber nun erinnert sich Malte des Zeitungsverkäufers und versucht, ihn sich vorzustellen aus der Einbildung: aber er erschöpft sich in der Anstrengung. Später vergleicht er mit dem Gedankenbild: „Ich hatte weder den Neigungswinkel seiner Haltung begriffen gehabt, noch das Entsetzen, mit dem die Innenseite seiner Lider ihn fortwährend zu erfüllen schien. Ich hatte nie an seinen Mund gedacht, der eingezogen war wie die Öffnung eines Ablaufs. Möglicherweise hatte er Erinnerungen; jetzt aber kam nie mehr etwas zu seiner Seele hinzu als täglich das amorphe Gefühl des Steinrands hinter ihm, an dem seine Hand sich abnutzte."
Warum führe ich diese verschiedenen Stellen so ausführlich an? (und doch noch längst nicht ausführlich genug!) Wir fragten, ob Rilke aus diesem Erkennen der Elenden heraus als sozialer Dichter anzusehen sei. Nun gut! Man vergleiche diese Stellen von den Blinden. Zu Anfang, da ist's vom Standpunkt des Sehenden aus gesagt: sie hatte das nicht, was die andern hatten. Das ist die sentimentalische Betrachtung: das Gefühl des Gegensätzlichen nach dem Urteil der eignen Grenzen. Wie entspricht das jener Mitleidsbetrachtung, die von unten her sieht, vom Menschlichen aus!

„Der Natur furchtbare Stimme siege,
und der Freude Wange werde bleich,

und der heil'gen Sympathie erliege
das Unsterbliche in euch!"

(Schiller: Ideal und Leben)

Darüber ist der Dichter hinausgewachsen. Nicht, wie viele Erwachsene die Kinder begreifen als unvollkommene Erwachsene, nicht wie das Weib vom Manne beurteilt wird als das ins Schöne und Lässige transponierte Männliche, nicht also begreift der Dichter die Blinden als die Nicht-Sehenden, sondern: die Kinder sind eine Art für sich, und die Frauen sind eine Art für sich, vielleicht jedes Kind einzeln, jede Frau einzeln, also sind auch die Bettler, die Blinden, die Verkrüppelten eine Art für sich, auch vielleicht jeder einzelne eine Art für sich. Das ist aber nicht „sozial" gedacht. Das Soziale mißt nach dem Ideale des eignen, besitzenden, heilen Zustandes und empfindet schmerzhaft den Abstand der Geringeren, daraus wird Mitleid, ganz selten auch Kraft zur Abhilfe. Doch das hat nichts mit Kunst zu tun, denn jenes ist Tendenz, Tendenz, die vielleicht mit poetischen Mitteln arbeitet. Ähnliches war früher auch im jungen Rilke vorhanden, als er seine Lieder noch allen schenkte. Diese Stimmung steigerte sich zu einer ganzen sentimentalen Epoche (wie sie auch Goethe durchlebte), die im Buch der Bilder unter Kämpfen abgeschlossen wurde. Nun ist die Kraft vorhanden, die er im Requiem für Wolf Graf v. Kalckreuth (1909) nennt, die Kraft

„hart sich in die Worte zu verwandeln,
wie sich der Steinmetz einer Kathedrale
verbissen umsetzt in des Steines Gleichmut."

Das ist weiter nichts als die Ehrfurcht vor dem Seienden, und solche Ehrfurcht des Künstlers macht im landläufigen Sinne unsozial. Das ist die Kraft der Selbstverleugnung, die im letzten Verzicht auf das Urteilen nur begreifen will, nur sehen will. Aber nicht äußerlich sehen, Farbenimpressionen wiedergeben, wie es der junge Rilke tat, sondern seelisch sehen, von dem Zentrum des mystischen Gotteserlebens aus die Schächte und Gänge aufwärts steigen, die an Gottes Oberfläche führen: in das Dingliche und in das Menschliche.

„Und so wie Früchte sahst du auch die Frau'n
und sahst die Kinder so, von innen her
getrieben in die Formen ihres Daseins."

(Requ., 1909)

So wird von innen her, vom Sein her begriffen, nicht von außen her, nicht vom Reflex im Auge. Denn auch das Auge Rilkes, so fein es geübt ist, ist nur Organ der Seele geworden und sieht das seelische Erlebnis. Das ist

„das Anschaun,
das nichts begehrt, des großen Künstlers Anschaun."

(Requ. 1909)
Wie hat sich aber alles verbunden, solches Anschauen zu verwirren. Die durch den Umgang mit den Menschen verdorbenen Dinge haben sich verbunden, um den Heiligen zu zerstreuen. Sind es nicht die gleichen Nöte, die des Schauenden und die des Heiligen? Alles ist gleicherweise verbunden, den Heiligen, der gleich mit Gott anfangen will, und den Schauenden, der erst die lange Arbeit tun will, die uns von Gott trennt — gleicherweise ist alles verbunden, beide abzulenken.

Da geißelt sich der Heilige, die verdorbenen Dinge, die von den bereiten Sinnen empfangen werden, zu überwinden; aber er überstünde nicht, wenn nicht der Engel hülfe und alles zurück in ihn hineinwürfe.

„Daß er mit Geteufel und Getier
in sich weiterringe wie seit Jahren
und sich Gott, den lange noch nicht klaren
innen aus dem Jäsen destillier."

(1908, N. G., Die Versuchung)

„Aber dafür, nach Zeit und Zeit, erfuhr
er auch das Glück, sich in die eignen Hände,
damit er eine Zärtlichkeit empfände,
zu legen wie die ganze Kreatur."

(1908, N. G., Aus dem Leben eines Heiligen)
So trägt der „Einsame"

„noch ein letztes, sehnendes Gesicht
in das Nie-zu-Stillende verstoßen."

(1908, N. G.)
Aber was ist nicht alles bereitet, den Einsamen in das Gewirr hinabzuziehen — Geräusche, Nachbarschaft! Noch tönt die Klage aus dem Stundenbuch:

„Wenn es nur einmal so ganz stille wäre.
Wenn das Zufällige und Ungefähre
verstummte und das nachbarliche Lachen,
wenn das Geräusch, das meine Sinne machen,
mich nicht so sehr verhinderte am Wachen."

(Stundenbuch, 1899)
Da „rasen elektrische Bahnen läutend durch meine Stube". Der

Lärm der Straße, der Lärm des Hauses, der in der Nacht so viel härter ist in seiner Vereinzelung, alles greift in den Kopf und zerrt. Allein das Bücken zur Ofenglut und die von der Hitze gestraffte Stirnhaut — das genügt, um widerstandslos zu machen. Aber noch nie ist so ergreifend und so aus der Seele aller in der Stille Schaffenden das Klagelied vom Nachbar gesungen:

„Fremde Geige, gehst du mir nach? . . .
Warum bin ich immer der Nachbar derer,
die dich bange zwingen zu singen
und zu sagen: das Leben ist schwerer,
als das Schwere von allen Dingen."

(B. d. Bilder, 1902—1906)
Der harmloseste Mensch — aber er ist Nachbar. Unwillkürlich horcht man auf seine Regelmäßigkeiten und ebenso auf seine Unregelmäßigkeiten. Und man leiht nicht nur Gedanken, sondern lauterste Willenskraft aus, im Erleben der Nöte des Nachbarn, denen man doch schließlich so völlig hilflos zur Seite steht. Und selbst die Zeit, dieser letzte Besitz, wird vom Nachbar zur Scheidemünze entwertet und eingewechselt in lauter Kleingeld, das sich so wahnsinnig rasch ausgibt. Das lernt man vom Nachbar — und noch mehr! Welche Ausschweifungen der Phantasie erreizt der Raum des Nachbarn — denn „nur das Zimmer, das man neben sich hat, ist immer ganz anders, als man denkt." Und wenn dann plötzlich eine Stille eintritt, eine unerwartete, welche Spannung, welche unerhörte Erregung wird dadurch gesteigert bis zur Beruhigung durch das erste Geräusch. In der Kindheit wurde die Stille durch die Mutter verstellt, und noch der Erwachsene erlebte am Nachbarn die Beruhigung einer Mutter:

„als ob es nur e i n e Mutter gäbe . . ."

(Die Weise von Liebe und Tod, 1899)
Aber es ist nicht nur die sinnliche Umwelt, „die gereizt, wie sie zu sein pflegt, zu stören versucht, sondern es gibt noch viele andere Versuchungen. Wie ist das z. B. seltsam mit dem Lesen! Eigentlich müßte man nie ein Buch lesen — oder alle; vor und hinter den Büchern ist die Welt heil. Das ist die Ahnung des Kindes, das Wissen des Mannes. Eine doppelte Erfahrung hat der Dichter gemacht; einst war das Lesen eine Erweiterung der Welt:

„Dort draußen ist, was ich hier drinnen lebe,
und hier und dort ist alles grenzenlos."

(B. d. Bilder, 1902—1906)
Und nun ist das Lesen eine zweite Welt, die hart, fast gewaltsam anstößt an die erste, und die Augen, die in diese zweite Welt getaucht waren, sie stoßen

„an die fertig-volle Welt:
wie stille Kinder, die allein gespielt,
auf einmal das Vorhandene erfahren."

(1908, N. G.)
Es gibt Augen, die schauen in die Welt der Bücher ihre Welt hinein: „als würden die Seiten immer voller ...", und es gibt Bücher, über denen viel Wichtiges versäumt wird: der Sommer und die Liebe und wer aufsah, „konnte nicht begreifen, wie man es über sich brachte, so viel Welt zu versäumen".
Und wie hieß es einst von Harald Malcorn, der die Nächte hindurch las? „Er lebt zwei Leben. Eins nach vorn und eines tief zurück in die Vergangenheit. Das macht ihn so — so breit ..." (Die Letzten, 1902)
Auch Malte hat wohl Zeiten gehabt, wo ihn eine Lesewut überfiel, aber so plötzlich sie kam, so plötzlich war sie vorbei. Und schließlich gesteht er: „So ist es mir klar geworden, daß ich nie ein richtiger Leser war," und an einer andern Stelle spricht er „von Büchern, die doch schließlich nicht das Leben sind". In diesem Geständnis liegt die Tatsache, daß er nie völlig der Versuchung des Lesens unterlag. Denn das ist die Gefahr des Lesens: sich zu spalten, die Umwelt der Dinge als unwirklicher anzusehen als die Welt der Einbildungen. Für den Schauenden ist die Gefahr überwunden, er sieht mit dem gleichen nehmenden und bildenden Blick die Dinge und die Bücher, die doch auch Dinge sind und deren Sinn dinghaft ist. Denn darin sind sie so eigen, daß sie dauern, daß sie, kaum aus der Hand des Dichters, ein eigenes Leben für sich haben, das manchmal (oder immer?) gar nicht gemeint war.
Darum kann man von den Büchern das gleiche sagen, als wenn ich sage: Dinge. „Indem ich das ausspreche (hören Sie?) entsteht eine Stille; die Stille, die um die Dinge ist. Alle Bewegung legt sich, wird Kontur, und aus vergangener und künftiger Zeit schließt sich ein Dauerndes: der Raum, die große Beruhigung der zu nichts gedrängten Dinge."
So spricht Rilke in dem Vortrag über Rodin, einleitend und Raum schaffend für den Meister. Wie kommt es, daß Rilke von Rodin aussagt, was eindeutig auch auf seine Kunst paßt? Wie kommt es, daß Rodin und Rilke Freunde waren? „A mon grand ami Auguste Rodin" steht 1908 vor den neuen Gedichten.

Ist hier nicht eine jener Künstlerfreundschaften, wie sie zum Glück der Welt immer wiederkehren? Und nun ein Meister am Marmor und ein Meister am Wort. Und beide schaffen Dinge. Denn auch Rilkes Worte fügen sich wie Steine zu Domen, zu dauernden Bindungen.

Und ich weiß es nur aus dieser Gemeinschaft ganz deutlich zu machen, wenn auch einiges aus der Kindheit schon hinführt: daß Rilke so die Maske im Leben erkannte. Wenn es von Rodins Porträtschaffen heißt:

„Er gibt nicht dem ersten Eindruck recht und nicht dem zweiten und von allen nächsten keinem. Er beobachtet und notiert. Er notiert Bewegungen, die keines Wortes wert sind, Wendungen und Halbwendungen, vierzig Verkürzungen und achtzig Profile . ." Wenn Rilke vom Maler sagt:

„Sechsunddreißigmal und hundertmal
hat der Maler jenen Berg geschrieben,
weggerissen, wieder hingetrieben
(sechsunddreißigmal und hundertmal)
zu dem unbegreiflichen Vulkane
selig, voll Versuchung, ohne Rat. —"

(1908, N. G., Der Berg)

So hat Rilke an ähnlichen Studien gelernt zu unterscheiden: die tägliche Maske vom ewigen Kern. „Andere Leute setzen unheimlich schnell ihre Gesichter auf, eins nach dem andern, und tragen sie ab. Es scheint ihnen zuerst, sie hätten für immer, aber sie sind kaum vierzig: da ist schon das letzte."

Und dann erlebt er's: er sieht das Gesichtlose, den Kern. „Die Frau erschrak und hob sich aus sich ab, zu schnell, zu heftig, so daß das Gesicht in den zwei Händen blieb . . . . . Mir graute, ein Gesicht von innen zu sehen, aber ich fürchtete mich doch noch viel mehr vor dem bloßen wunden Kopf ohne Gesicht."

Das ist die Lebensbühne, und wir erschrecken, einen außer seiner Rolle zu sehen.

„Wir spielen weiter. Bang und schwer Erlerntes
hersagend und Gebärden dann und wann
aufhebend."

(1907, N. G., Todes-Erfahrung)

Das stammt aus einer der schwersten Erfahrungen, die Malte als Kind macht. Er gerät über Schränke alter Gewänder und voller Maskenzeug. Da steht er vor dem Spiegel und lernt, wie sehr die Maske den Menschen in Gebärden, Rede und Gang bestimmt.

„Meine Hand, über die die Spitzenmanschette fiel und wieder fiel, war durchaus nicht meine gewöhnliche Hand; sie bewegte sie wie ein Akteur, ja, ich möchte sagen, sie sah sich selber zu, so übertrieben das auch klingt.“

Wie wird da vorbereitet, was ihm später an Rodin klar wird: „Eine Hand, die sich auf eines andern Schulter oder Schenkel legt, gehört nicht mehr ganz zu dem Körper, von dem sie kam: aus ihr und dem Gegenstand, den sie berührt oder packt, entsteht ein neues Ding, ein Ding mehr, das keinen Namen hat und niemandem gehört.“

Bis dann den Einsamen die Gefahr überwältigt (fast wie den Lesenden): er ist in der phantastischen Maske in der Welt der großen Gebärden — da fällt hinter ihm etwas. Und nun verwirrt den um Abhilfe Bemühten seine Maskerade. Im Eifer und in der Erregung verwickelt er sich immer fester hinein, er kommt in Wut und Angst, er stürzt hinaus, er findet nicht zurecht: die Hausgenossen halten alles für Spiel, selbst seine kniende, flehende Haltung — bis er wie tot umfällt und man den Besinnungslosen herausnimmt.

„Noch ist die Welt voll Rollen, die wir spielen.“

(1907, N. G., Todes-Erfahrung)

„Und so gehen wir herum, ein Gespött und eine Hälfte: weder Seiende noch Schauspieler.“

Da ist andrerseits die große Schauspielerin (die Duse, vgl. Rilke: Rodin S. 27), der das ein Beruf wurde, „eine Verkleidung, dicht und dauernd genug, um hinter ihr rückhaltlos elend zu sein.“ Aber man gafft hinter ihre Vermummung und will sie nicht gelten lassen. Da tritt eine Wendung ein, „es kam dich an, du selber zu sein“. Und wie sie sich steigerte zu einer vollen Wirklichkeit — „da brachen sie schon in Beifall aus in ihrer Angst vor dem Äußersten —“, sie aber wurde wirklich wie das Sterben:

„Da brach in diese Bühne
ein Streifen Wirklichkeit . . .
Grün wirklicher Grüne,
wirklicher Sonnenschein, wirklicher Wald.“

(1907, N. G., Todes-Erfahrung)

Ist es nicht eine Erinnerung an dies Wirkliche, das die jungen Mädchen veranlaßt, von Hause fortzugehen? „Sie haben immer gefühlt, daß es dies gegeben hat, solch ein leises Leben langsamer, nie ganz aufgeklärter Gebärden, und sie erinnern sich dunkel, daß sie sogar eine Zeitlang meinten, es würde ihr Leben sein.“ Sie sind erwacht aus ihrem Kindsein:

„Plötzlich bin ich wie verstoßen
und zu einem Übergroßen
wird mir diese Einsamkeit
wenn, auf meiner Brüste Hügeln
stehend, mein Gefühl nach Flügeln
oder einem Ende schreit."

(1907, N. G., Mädchenklage)
Das sind die Mädchenjahre, wo der Schlaf so leicht ist, „Schlaf war etwas, was mit einem stieg, und von Zeit zu Zeit hatte man die Augen offen und lag auf einer neuen Oberfläche, die noch lange nicht die oberste war."
Es gibt vielleicht keinen lebenden Dichter, der ein solches Verstehen der Mädchen besitzt wie Rilke. Und das hat seine Erklärung in der einfachen Tatsache, daß er die Mädchen nicht anschaut vom Männlichen aus, sondern jedes als eine Art für sich. Ich habe bei der Frage, ob Rilke ein sozialer Dichter sei, von der Art seines „objektiven" Schaffens gesprochen. Es genügt, daran zu erinnern. Aber warum wirkt das so neu, so unaufgeklärt und beispiellos neu? Weil das noch niemand heute versucht hat, und weil die Mädchen heute selber verwirrt sind. „Sie sind ganz nahe daran, sich aufzugeben und so von sich zu denken, wie Männer etwa von ihnen reden könnten, wenn sie nicht da sind."
Wem tönt nicht noch das Lied im Ohr, das Lou Andreas-Salomé im „Zwischenlande" anführt, das Rilkesche Lied aus dem Büchlein „Mir zur Feier" (1899)?

„Ich war ein Kind und träumte viel
und hatte noch nicht Mai — —"

Und ebendort blühen die „Lieder der Mädchen":

„Denn das Licht, darin sie leben,
ist ein großes Gnadegeben —"

Und darein ranken sich die „Gebete der Mädchen zur Maria":

„Du hast ja dieses Mädchenweh
der Seele selbst erkannt:
sie fühlt sich an wie Weihnachtsschnee
und steht doch ganz in Brand ...."

Zum Schluß heißt es dann:

„O, laß mich Leid von deinem Leide,
o, laß uns beide
wund von demselben Wunder sein!"

Kühler, und doch vielleicht im Grunde verstehender, wird dann im Buch der Bilder (1902—1906) gesungen von den Mädchen:

„Aus ihrem Leben geht jede Tür
in einen Dichter
und in die Welt."

„Mädchen, Dichter sind, die von euch lernen,
das zu sagen, was ihr einsam seid . . ."

Und so hat der Dichter von ihnen gelernt und schafft nun in den Aufzeichnungen des „Malte" Raum um die großen Gestalten der Mädchen, der großen Liebenden, wie noch keiner. Sappho, Heloise, Elizabeth Browning — um nur die wichtigsten zu nennen.
Sappho, — die schon die Neuen Gedichte von 1907 beginnt und in dem Fragment „Sappho an Alkinous" spricht:

„Und was hättest du mir denn zu sagen
und was gehst du meine Seele an,
wenn sich deine Augen niederschlagen
vor dem nahen Nichtgesagten? Mann —
geh und laß mich, daß zu meiner Leier
komme, was du abhältst: alles steht."

„Das namenlose Leid ihrer Liebe aber ist immer dieses gewesen: daß von ihr verlangt wird, diese Hingabe zu beschränken. . . . Und plötzlich geht durch den hellen Raum dieser Einsicht der Sappho fernste Gestalt, die die Jahrhunderte nicht fanden, da sie sie im Schicksal suchten." Und im Gedenken an diese Gestalt steigt dem einsamen Mann das Gefühl und das Verstehen der Antike. Er ergreift einen Apfel. „Wie steht mein Leben herum um diese Frucht, denkt er. Um alles Fertige steigt das Ungetane und steigert sich." So ist das Gedächtnis der Antike in unserer noch nicht erfüllten Kultur, so ist die Größe der Liebenden in unserer noch nicht erfüllten Männerliebe. —
Heloise:
Der Engel ruft dem Manne zu, der mit der großen Liebe beginnen soll und die Frauen zum Tor der Einsamkeit führen:

„Laß ein
die, die ich dir zugewiesen,
daß sie wachsend Heliosen
überstehn und überschrein."

(1908, N. G., Don Juans Auswahl)
„Was ist anders der Portugiesin geschehen: als daß sie innen zur Quelle ward? Was dir, Heloise?" Der Portugiesin, die nicht abließ,

„bis ihre Qual umschlug in eine herbe, eisige Herrlichkeit, die nicht mehr zu halten war." Und nun hat uns Rilke diese ganze Herrlichkeit geschenkt in seiner Übertragung der Sonette der Elizabeth Browning (1908). Ist nicht auch eine solche Liebende, die noch „die Gesten und das Leichte von Mädchen" hat, „die sich auf die Liebe freuen", jene Mutter Haralds, Frau Malcorn: Harald sagt ihr (1902, Die Letzten):

„Wie du gehst! Junge Mädchen gehen so."

Aber in manche ging die Enttäuschung ein wie Kälte, da wurden „Greisinnen, die verhärtet waren, mit einem Kern von Köstlichkeit in sich, den sie verbargen." Da ist die Großmutter Maltes, Frau Margarete Brigge, „eine hochgewachsene, unzugängliche Greisin . . Es wurde erzählt, daß sie als ganz junges Mädchen dem schönen Felix Lichnowski verlobt gewesen sei, der dann so grausam ums Leben kam." Liegt nicht schon in dem Leben der beiden alten Damen Rosine und Klothilde (Am Leben hin, 1898) trotz aller Komik dieses Tragische?

Wir erinnern uns bei solchem Frauenschicksal an das Glas, das in die Vitrine fortgestellt wurde (1907, N. G.), und dann ist da das Bild jener Greisin:

„Einmal aber, bei einem Gelache,
holt sie aus springenden Lidern zwei wache
Blicke und zeigt diese harte Sache,
wie man aus einem geheimen Fache
schöne vererbte Steine nimmt."

(1908, N. G., Die Greisin)

Da ist uns das Herbe solcher Leben, die Rilke mit so wissendem Auge ansieht, ganz durchsichtig. Und es ist auch schon angedeutet im Persönlichen, um welche Not der Liebe es sich handelt, fast sprang schon reif das reinliche Problem heraus.

6. Kunst

Wer kann solche Gestalten schildern? Schon Malte bemerkt, „daß man von einer Frau nichts sagen könne". Man erzählt das andere und spart die Frau aus. Früher, da konnte man noch erzählen. „Der alte Graf Brahe soll es noch gekonnt haben." — Der konnte wohl auch von Julie Reventlow erzählen und den Stigmata in ihren Handflächen. „Ich — habe nie jemanden erzählen hören." Das ist das Urteil über unsere wortkranke Zeit, die durch die sentimentale Epik vom Schreibtisch her zum wirklichen Erzählen verdorben ist. Da ist das Wichtigste — die Schaudeutlichkeit — verlorengegangen über all den

Feinheiten und Problemen. Und wir sind ja schon so zufrieden, wenn wir uns überhaupt etwas einbilden und vorstellen können, obgleich es ganz sicher ist, daß es hier so geht wie mit des Nachbars Zimmer. Gerade das, worauf es ankommt, ist ganz anders, als sich's der Leser dachte und — leider auch der Dichter sagte. Die Vorstellungen werden durch schlecht geschliffene Gläser der Worte für jeden anders verzerrt. Aber so sehen müssen, wie es der Dichter sieht — wer hätte uns Bescheidene seit langem dazu gezwungen? Sind wir nicht so, wie es im „Malte" von den Fremden in Venedig heißt:
„In ihrem gewöhnlichen Dasein verwechseln sie beständig das Außerordentliche mit dem Verbotenen, so daß die Erwartung des Wunderbaren, die sie sich nun gestatten, als ein grober, ausschweifender Ausdruck in ihre Gesichter tritt. Was ihnen zu Hause nur momentan in Konzerten passiert oder wenn sie mit einem Roman allein sind, das tragen sie als berechtigten Zustand zur Schau." Gut, ja, das ist unser Publikum — aber sind denn nicht viele vorhanden, die schon nicht mehr Publikum sind, die eine vornehme, eigene Kultur mit gemäßigt höflichem Gesicht pflegen?

„Sie lassen, voller Takt, uns ungestört
das Leben leben, wie wir es begreifen
und wie sie's nicht verstehn. Sie wollten blühn,
und blühn ist schön sein; doch wir wollen reifen
und das heißt dunkel sein und sich bemühn."

(1907, N. G., Im Saal)
Das sind die, die das Schönsein zum Selbstzweck gemacht, die die Blüte konservieren und das Fruchtbarwerden hassen als das Mühsame und Unreinliche.
„Wer treibt sie aus den Musiksälen, die Käuflichen mit dem unfruchtbaren Gehör, das hört und niemals empfängt? Da strahlt Samen aus, und sie halten sich unter wie Dirnen . . ."
So verunreinigen sie ihn, den Großen: Beethoven. „Weltvollendender . . . deine Musik: daß sie hätte um die Welt sein dürfen, nicht um uns."
Da gedenkt man der Klage des „Orpheus", so wie ihn Rodin dargestellt:

„Die So-geliebte, daß aus einer Leier
mehr Klage kam als je aus Klagefrauen;
daß eine Welt aus Klage ward, in der
alles noch einmal da war: Wald und Tal
und Weg und Ortschaft, Feld und Fluß und Tier."

(1907, N. G.)
Und wo sind sie, die „jungfräulich" liegen bei solchen Klängen wie einst die Schwestern des Franz von Assisi:

„Dann aber lösten seines Liedes Pollen
sich leise los aus seinem roten Mund
und trieben träumend zu den Liebevollen
und fielen in die offenen Corollen
und sanken langsam auf den Blütengrund.
Und sie empfingen ihn, den Makellosen,
in ihrem Leib, der ihre Seele war."

(Stundenbuch, 1903)
Wo sind die, denen heut das Kunstwerk fruchtbar wird? „Diese Dinge, also Lied und Gedicht und Bild, sind anders als die andern Dinge. Sehen Sie das gütig ein, bitte. Sie sind nicht. Sie werden jedesmal wieder. Darum geben sie die Freude, die unendliche." (1902, Die Letzten) „Denn Verse sind nicht, wie die Leute meinen, Gefühle (die hat man früh genug) — es sind Erfahrungen." „Vielleicht könnte man dann (zum Schluß des Lebens) zehn Zeilen schreiben, die gut sind." „Denn die Erinnerungen selbst sind es noch nicht. Erst wenn sie Blut in uns werden, Blick und Gebärde, namenlos und nicht mehr zu unterscheiden von uns selbst, erst dann kann es geschehen, daß in einer sehr seltenen Stunde das erste Wort eines Verses aufsteht in ihrer Mitte und aus ihnen ausgeht."

„O alter Fluch der Dichter,
die sich beklagen, wo sie sagen sollten,
die immer urteiln über ihr Gefühl
statt es zu bilden."

(Requiem 1909)
Und das Drama? Wozu bedarf es des Dritten? „Man möchte meinen, es wäre allen bisher zu schwer gewesen, von den Zweien zu reden, um die es sich handelt." Und Ibsen? „Dort weiltest du und warst gebückt, wo unser Geschehen kocht und sich niederschlägt und die Farbe verändert, innen. Innerer als dort, wo je einer war." „Da gingst du an die beispiellose Gewalttat deines Werkes, das immer ungeduldiger, immer verzweifelter unter dem Sichtbaren nach den Äquivalenten suchte für das innen Gesehene."
Und als Malte das antike Theater in Orange gesehen, da gesteht er: „Diese Stunde . . . schloß mich für immer aus von unseren Theatern. Was soll ich dort? Was soll ich vor einer Szene, in der diese Wand (die Ikonwand der russischen Kirchen) abgetragen wurde, weil man

nicht mehr die Kraft hat, durch ihre Härte die Handlung durchzupressen, die gasförmige, die in vollen schweren Öltropfen austritt." Erst wenn wir schreien lernen „nach der Wand einer gemeinsamen Not, hinter der das Unbegreifliche Zeit hat, sich zu sammeln und anzuspannen," erst dann werden wir aus der Gemeinschaft ein Theater und einen Gott haben.

„Du gingst in Tausenden verloren,
und alle Opfer wurden kalt;
bis du in hohen Kirchenchoren
dich rührtest hinter goldnen Toren;
und eine Bangnis, die geboren,
umgürtete dich mit Gestalt." —

(Stundenbuch, 1899)
So steigt die Mitte dieses Kreises auf, wie aus einem Becken die Säule aufwächst, sich öffnend und verbreiternd zum Rande der höheren Schale — so steigt die Bangnis auf zu den Ängsten, dem Rande des höheren Kreises von der übersinnlichen Wirklichkeit, die von den Ängsten, der Einsamkeit und dem Ruhm zu der stillen Mitte von Tod, Liebe und Gott wächst.

III
DER KREIS DER ÜBERSINNLICH-PERSÖNLICHEN WIRKLICHKEIT

1. Ängste

Es ist nicht nur ein Aufstieg von dem Mittelpunkt des unteren Beckens, sondern auch ein Abfall vom Rande des höheren auf den Rand des niederen Beckens: das Problem der Angst fällt beständig abwärts in das Sinnlich-Wirkliche der Angst, wie es vor allem in der Kindheit erlebt wird.

Und darum muß erinnert werden an die Mahlzeiten in dem dunkelhohen Raum und die Erscheinungen der Christine Brahe. An die Gespensterfurcht, als alle Erwachsenen den Brandgeruch ausspürten und vor etwas Unsichtbarem sich demütigten, an die Ingeborg-Erscheinung und das Suchen des Bildes in der nächtlichen Galerie, an die Hand, die dem im Teppich tastenden Knaben entgegenkam. Seitdem hat Malte ein derartiges Feingefühl für Ängste (diese scheue, überzarte Frauennatur mit der Energie des Mannes), daß er sie sinnlich wahrnimmt, er riecht sie in den Gassen um die Hospitäler in Paris, er riecht sie aus den Winkeln der Wand, die das Innere des abgerissenen Hauses preisgibt.

„Da ich ein Knabe war, schlugen sie mich ins Gesicht und sagten mir, daß ich feige sei. Das war, weil ich mich noch schlecht fürchtete. Aber seitdem habe ich mich fürchten gelernt mit der wirklichen Furcht, die nur zunimmt, wenn die Kraft zunimmt, die sie erzeugt. Wir haben keine Vorstellung von dieser Kraft außer in unserer Furcht."

„Und die Minute, welche weiter will,
ist bleich und still, als ob sie Dinge wüßte,
an denen jeder sterben müßte . . ."

(B. d. Bilder, 1902—1906, Bangnis)

In zwei Brennpunkten ist die Angst vereinigt, in der Nacht und in der Krankheit.

Früher, da war ihm die Nacht nichts Schreckhaftes:

„Traumselige Vigilie!
Jetzt wallt die Nacht durchs Land;
der Mond, die weiße Lilie,
blüht auf in ihrer Hand.“

(Larenopfer, 1896)
So heißt es in dem schönsten Gedicht der ersten Frühzeit. Und auch im „All-Einen“ ist das Nächtliche ganz und stark. Und im Anfang des Stundenbuches, wie auch sonst in dieser Zeit, bekennt sich der Dichter zu den Nächten:

„Du Dunkelheit, aus der ich stamme,
ich liebe dich mehr als die Flamme,
welche die Welt begrenzt,
indem sie glänzt . . .
Ich glaube an Nächte.“

(1899) Da taucht zum erstenmal im zweiten Teil des Stundenbuches (1901) die Angst der Nächte auf:

„Du weißt vielleicht nicht, wie die Nächte
für Menschen, die nicht schlafen, sind . . .“

und dann rührt sie sich in dem „Buch der Bilder“ (1902—1906):

„Die Nächte sind nicht für die Menge gemacht . .“

Noch nimmt er den einzelnen aus:

„Meine Stube und diese Weite,
wach über nachtendem Land, —
ist Eines. Ich bin eine Saite,
über rauschende breite
Resonanzen gespannt.“

(Am Rand der Nacht)
Aber er hat nicht die grenzenlose Einheit mit den Dingen im Dunkel, er muß beten zur Nacht:

„ . . . bringe
doch mich auch in Beziehung zu dem Vielen,
das du erwirbst und überredest . . .“

Und dann kommen die acht Blätter „Aus einer Sturmnacht“ — hier beginnt sich die Angst vor der Nacht zu regen:

„Ist die Nacht die einzige Wirklichkeit
seit Jahrtausenden . . .“

Davon klingt ein Ton nach, wenn er schildert, wie Abelone abends spät in ihr Zimmer kam: „Aber dann fühlte sie auf einmal das Fenster und, wenn ich recht verstanden habe, so konnte sie vor der Nacht stehen, stundenlang, und denken: das geht mich an."
So ist bereits das Gefühl des Getrenntseins vorhanden, es sind zwei, die sich grüßen. —

„Denn diese Nacht, in der so vieles schrie,
in der sich Tiere rufen und zerreißen,
ist sie uns nicht entsetzlich fremd?"

(1907, N. G., Östliches Taglied)
Aus diesem Fremdsein wächst das Grauen:
„Sieh, Könige liegen und starren, und der Geschichtenerzähler kann sie nicht ablenken. An den seligen Brüsten ihrer Lieblingin überkriecht sie das Grauen und macht sie schlottrig und lustlos."
Das ist das Schicksal der „Abisag", die auf den alten, welkenden König gebunden ist:

„Und manchmal wandte sie in seinem Barte
ihr Angesicht, wenn eine Eule schrie;
und alles, was die Nacht war, kam und scharte
mit Bangen und Verlangen sich um sie."

(1907, N. G.)
„Aber sogar wenn ich allein war, konnte ich mich fürchten. Warum soll ich tun, als wären jene Nächte nicht gewesen, da ich aufsaß vor Todesangst und mich daran klammerte, daß das Sitzen wenigstens noch etwas Lebendiges sei: daß Tote nicht saßen."

„Er kannte Ängste, deren Eingang schon
wie Sterben war und nicht zu überstehen,
und namenlose Nöte kannte er,
finster und ohne Morgen wie Verschläge . . ."

(1908, N. G., Aus dem Leben eines Heiligen)
In solchen Nächten tröstet kein Licht und kein Fenster: überall ist das gleiche Teilnahmslose. Aber aus diesen überwältigenden Ängsten entsteht das Größte: die Kraft zu überstehen. Denn es ist vieles, was überwunden werden muß: vor allem „die Existenz des Entsetzlichen in jedem Bestandteil der Luft". Da ist von allen Zeiten her etwas Unvergängliches von den Ängsten der Vergangenen an Orten des Schreckens und der Qual, das sich in uns einfrißt. Und indem es draußen unaufhaltsam wächst, steigt es auch „in die äußersten Verästelungen deines zahllos-zweigigen Daseins". Und was früher jubelnd erlebt wurde:

„Kann mir einer sagen, wohin
ich mit meinem Leben reiche?
Ob ich nicht auch noch im Sturme streiche
und als Welle wohne im Teiche,
und ob ich nicht selbst noch die blasse, bleiche
frühlingsfrierende Birke bin?"

(1899, Mir zur Feier)
Dieses Jubeln von früher wird nun zum Übergroßen und „treibt dich aus dir hinaus". Besonders in Krankheiten. Wie hatte schon aus dem Kinde das Fieber „Erfahrungen, Bilder, Tatsachen" herausgeholt und es überhäuft. Nun kommt die Krankheit der tiefsten Gefahr: „Alle verlorenen Ängste sind wieder da." Alle die Kleinigkeiten, die die erregte Phantasie des Kindes steigern konnten, halb im Spiel und halb aus übergroßer Sorgfalt, nun sind sie da, verzerrt, vergrößert, gefährlich: da liegen sie auf der Bettdecke: „Verlorenes aus der Kindheit", das wie neu ist. Warum soll der Wollfaden nicht spitz sein wie eine Nadel (nun begreift er auch seine Mutter, die alle Getränke später durchsiebte aus Angst vor Nadeln), warum soll das nicht Granit sein, worauf er liegt, und warum nicht eine Zahl in seinem Gehirn wachsen, bis sie vielleicht nicht mehr Raum hat. Solche Ängste werden riesengroß und wohl dem, der dann nicht in so überstarke Nöte geriet, daß sie in ihm Wohnung behielten! Aber gerade die, die am feinnervigsten verästelt aus Allem Leben gesaugt, gerade die sind in der größten Not, und man errät die Kraft, die sie daraus befreite. Solches Hinreichen in alle Vergangenheit und Zukunft macht Malte-Rilke zu einem Genossen Michelangelos:

„Das war der Mann, der immer wiederkehrt,
wenn eine Zeit noch einmal ihren Wert,
da sie sich enden will, zusammenfaßt.
Da hebt noch einer ihre ganze Last
und wirft sie in den Abgrund seiner Brust."

(Stundenbuch, 1899)

2. Einsamkeit und Ruhm

Wie Michelangelo eine Zeit und einen Stil beendet und einen neuen beginnt, so auch Rilke. Und darum ist er so einsam, weil er schon im neuen Reiche steht. Dieses Einsamkeitsbewußtsein hat zunächst einen natürlichen Grund: er ist der Letzte eines alten Geschlechts. Das gibt Rilke etwas Stolzes und etwas Königlich-Müdes. Es läßt sich in fast allen Werken eine Spur davon zeigen. Ich nenne Deut-

liches: der Novellenband „Die Letzten" 1902 mit der Erzählung von Harald Malcorn: „Es gab ja wohl Könige in unserm Geschlecht, nicht wahr, Mama? — Die Sage geht. In langverlorner Zeit. Vor tausend Jahren vielleicht."
Dies Gefühl, eine Ende zu sein, schwingt schon mit in dem Lied:

„Mich hat nicht eine Mutter geboren,
tausend Mütter haben
an den kränklichen Knaben
die tausend Leben verloren,
die sie ihm gaben."

(1899, Mir zur Feier)
Es ist das ein versteckter Unterton, den man auch sonst in dieser Zeit noch mit dem leisen Akzent des Selbstbewußten heraushören kann:

„Ich kreise um Gott, um den uralten Turm,
und ich kreise Jahrtausende lang . . ."

(1899, Stundenbuch)
Ganz deutlich steht es im Buch der Bilder (1902 bis 1906), besonders im Gedicht „Der Letzte":

„Und bin doch manch eines Erbe.
Mit drei Zweigen hat mein Geschlecht geblüht
auf sieben Schlössern im Wald,
und wurde seines Wappens müd
und war schon viel zu alt; —
und was sie mir ließen und was ich erwerbe
zum alten Besitze, ist heimatlos."

Von hier aus fällt auch Licht auf die Zarenlieder und die Feier der Könige und der Fürstensöhne, auf das Verständnis der Parke.
Es gewinnt dann dies Gefühl einen immer stärkeren Klang in den neuen Gedichten, da beginnt das „Selbstbildnis aus dem Jahre 1906":

. . .„des alten lange adeligen Geschlechtes
Feststehendes im Augenbogenbau."

Aber auch sonst wird sich vieles finden, das mitschwingt, wenn dieser Ton angeschlagen wird. Die Gedichte „Vor dem Sommerregen", „Im Saal" und „Letzter Abend" — nach dem Bild der „Blauen Hortensie" und im Bande von 1908 nach dem Bilde der „Rosa Hortensie" die Gedichte „Das Wappen", „Der Junggeselle", „Der Einsame".

Und damit ist die letzte Ausreifung dieser Tatsache gewonnen: die Einsamkeit.
Einsam, nur mit den Erinnerungen an die Jugend in adligen Häusern, sitzt dann Malte ohne „ererbte Dinge" in Paris. „Meine alten Möbel faulen in einer Scheune, in die ich sie habe stellen dürfen, und ich selbst, ja mein Gott, ich habe kein Dach über mir, und es regnet mir in die Augen." So ist er ein Fremder geworden:

„Wie einer, der auf fremden Meeren fuhr."

(B. d. Bilder, 1902—1906, Der Einsame)
Oder wie es später heißt:

„Ohne Sorgfalt, was die Nächsten dächten,
die er müde nicht mehr fragen hieß,
ging er wieder fort; verlor, verließ —
denn er hing an solchen Reisenächten."

(1908, N. G., Der Fremde)
Was hat ihn aber im Innersten so einsam gemacht? Schon früher sucht er dieses zu erklären:

„In mein Gesicht reicht eine Welt herein,
die vielleicht unbewohnt ist wie ein Mond,
sie aber lassen kein Gefühl allein,
und alle ihre Worte sind bewohnt."

(B. d. Bilder, 1902—1906, Der Einsame)
Später findet er die Ursache allein in sich, darin, daß er sich dauernd veränderte, als er begann, sehen zu lernen. „Wenn ich mich verändere, bleibe ich ja doch nicht der, der ich war, und bin ich etwas anderes als bisher, so ist klar, daß ich keine Bekannten habe." Aber es ist nicht leicht, dies Alleinsein. „Ich habe es augenblicklich etwas schwer, weil alles zu neu ist. Ich bin ein Anfänger in meinen eignen Verhältnissen." Wie oft wurde Rilke ein Neuer! Schon 1899 sagte er zu Gott:

„Sieh, Gott, es kommt ein Neuer an dir bauen,
der gestern noch ein Knabe war."

(Stundenbuch, 1899)

Und im Buch der Bilder gesteht er:

„Und wieder rauscht mein tiefes Leben lauter . . .
Dem Namenlosen fühl ich mich vertrauter . . ."

(B. d. Bilder, 1902—1906, Fortschritt)
Später fehlen die Bekenntnisse des Wachsens, dafür bedeutet aber

jedes Werk ein Neues, ja die beiden Bände Gedichte von 1907 und 1908 heißen mit Recht: Neue Gedichte. (Ein Wort, das als Untertitel schon 1897 bei dem Bändchen „Traumgekrönt“ erscheint.) Wie selbstverständlich ist es, daß ein Schaffender sich verändert, und wieviel Vorwurf entsteht ihm daraus, weil die Menschen die eine Stufe gerade gelernt haben und können und nicht weiterlernen mögen. Wie viele haben nur den Urfaust- und Götz-Goethe gelernt, wie viele nur den Iphigenie- und Tasso-Goethe, und wie wenige machen sich die Mühe, auch den alten Wilhelm-Meister- und Faust-Goethe zu lernen! So haben auch manche den Stundenbuch-Rilke gelernt oder den der Frühen Gedichte — aber die Neuen Gedichte sind zu mühsam, und nun erst der „Malte“!
Oh, manchesmal überfällt ihn seine Einsamkeit wie Gericht, „die Einsamkeit, die ich über mich gebracht hatte und zu deren Größe mein Herz in keinem Verhältnis mehr stand. Menschen fielen mir ein, von denen ich einmal fortgegangen war, und ich begriff nicht, wie man Menschen verlassen konnte.“ Das ist seine Versuchung, aber aus ihr entsteht, wie aus der Angst, die große Kraft.

„Und dies alles immer unbegehrend
hinzulassen, schien ihm mehr als seines
Lebens Lust, Besitz und Ruhm.“

(1908, N. G., Der Fremde)
Und wie ergreifend ist die Klage über die Verfolger des Einsamen; die Menschen hassen keinen mehr als den, der sich von ihnen trennt. Und wenn sie ihm schließlich doch nichts anhaben können, wenn Geräusche, Nachbarn, Dinge, Verfolgung, Verleumdung und Verruf von ihm überwunden werden (und die Familienliebe und die Familienwünsche — das vorbestimmte Leben, das sie ihm zuschreiben und das er nicht „nachlügt“ —), dann suchen sie ihn durch den Ruhm zu verwirren. „Und bei diesem Lärmen blickte fast jeder auf und wurde zerstreut.“ Das ist die größte Gefahr, „die listige Feindschaft später des Ruhms, die dich unschädlich macht, indem sie dich ausstreut“, da gibt's nur eine Rettung: sich hinaufzuheben in die stärkste Einsamkeit und zu versteinen; auf daß dort oben in den höchsten und kühlsten Lüften entstünde

„noch ein äußerstes Gesicht aus Stein,
willig seinen inneren Gewichten,
das die Weiten, die es still vernichten,
zwingen, immer seliger zu sein.“

(1908, N. G., Der Einsame)
Einer hat das gekonnt unter uns: Rodin. „Rodin war einsam vor seinem Ruhm. Und der Ruhm, der kam, hat ihn vielleicht noch einsamer gemacht. Denn Ruhm ist schließlich nur der Inbegriff aller Mißverständnisse, die sich um einen Namen sammeln." (Rodin) Oder ein andermal nennt er den Ruhm „diesen öffentlichen Abbruch eines Werdenden, in dessen Bauplatz die Menge einbricht, ihm die Steine verschiebend." So haben sie mit Ibsen getan: „Jetzt gehen sie mit dir um wie mit ihresgleichen." Da gibt es nur Flucht als Rettung. „Nimm einen andern (Namen) an, irgendeinen, damit Gott dich rufen kann in der Nacht. Und verbirg ihn vor allen."
Und ich glaube, jetzt sind die Zeiten gekommen, daß auch Rilke vor seinem Ruhm fliehen wird. Denn es geht ihm wie Ibsen: „Und deine Worte führen sie mit sich in den Käfigen ihres Dünkels und zeigen sie auf den Plätzen und reizen sie ein wenig von ihrer Sicherheit aus."

IV

DER KREIS DER ÜBERSINNLICHEN-UNPERSÖNLICHEN WIRKLICHKEIT

1. Tod

Aber also spricht der Dichter zu Gott:

„Du meinst die Demut. Angesichter
gesenkt in stillem Dichverstehn.
So gehen abends junge Dichter
in die entlegenen Alleen.
So stehn die Bauern um die Leiche,
wenn sich ein Kind im Tod verlor, —
und was geschieht, ist doch das gleiche:
es geht ein Übergroßes vor."

(Stundenbuch, 1901)

Gott — Liebe — Tod — es ist ein Übergroßes. War das Goethes Irrtum, daß er sie nicht erkannte, Bettinens Liebe, die ein „Element" war, daß er sich nicht demütigte? „Da war seinem Tod der dunkle Mythos bereitet, den er leer ließ."

Und nun steigt wie der Duft von roten Rosen aus dem „Buch der Armut und vom Tode" (Stundenbuch, 1903) die Erinnerung an die köstlichen Worte vom Tode.

„Denn dieses macht das Sterben fremd und schwer,
daß es nicht unser Tod ist; einer der
uns endlich nimmt, nur weil wir keinen reifen;
drum geht ein Sturm, uns alle abzustreifen."

Im Hôtel-Dieu „wird in 559 Betten gestorben. Natürlich fabrikmäßig. Bei so enormer Produktion ist der einzelne Tod nicht so gut ausgeführt . . . Der Wunsch, einen eignen Tod zu haben, wird immer seltener. Eine Weile noch, und er wird ebenso selten sein wie ein eigenes Leben."

„Dort ist der Tod. Nicht jener, dessen Größe
sie in der Kindheit wundersam gestreift, —
der kleine Tod, wie man ihn dort begreift;
ihr eigener hängt grün und ohne Süße
wie eine Frucht in ihnen, die nicht reift."

(Stundenbuch 1903)
„Früher wußte man (oder vielleicht man ahnte es), daß man den Tod in sich hatte, wie die Frucht den Kern."
Das Requiem im Buch der Bilder (1902—1906) trägt schon eine Ahnung dieses großen Todes wie Melodie:

„Glaub mir, Gespiel, dir geschah nicht Gewalt:
dein Tod war schon alt,
als dein Leben begann;
dann griff er es an,
damit es ihn nicht überlebte."

Da ist ferner in den „Geschichten vom lieben Gott" „Die fremde Nachschrift" zum Märchen vom Tod: der Tod gibt der Frau Samen. Und es wird ein Strauch. Und im dritten Frühjahr an einem Morgen „war unversehrt eine blasse, blaue Blüte gestiegen, welcher die Knospenschalen schon an allen Seiten enge wurden. Seit diesem Morgen aber ist alles anders geworden in der Welt." (1904)
Und dann heißt es in dem Requiem für eine Freundin:

„Du . . . grubst aus deines Herzens
noch warmem Erdreich die noch grünen Samen,
daraus dein Tod aufkeimen sollte . . ."

Wir aber sind unfruchtbar, wir reifen keinen Tod:

„Denn wir sind nur die Schale und das Blatt.
Der große Tod, den jeder in sich hat,
das ist die Furcht, um die sich alles dreht . . .
und jeder, welcher bildete und baute,
ward Welt um diese Frucht, und fror und taute
und windete ihr zu und schien sie an.
In sie ist eingegangen alle Wärme,
der Herzen und der Hirne weißes Glühn —:
doch deine Engel ziehn wie Vogelschwärme,
und sie erfanden alle Früchte grün."

(Stundenbuch, 1903)
Das ist die Todesnot unserer Tage, die dem Dichter schon seit Anbeginn deutlich ist: sie ist geradezu Auftakt seines Schaffens. In der Novelle „Das Christkind" (1893) heißt es mit den ersten Worten: „‚Gestorben', stand in gleichgültigen, brutalen, feuchtleuchtenden Lettern in dem dicken, grünen Krankenhausbuch. In derselben Zeile war zu lesen: II. Stock, Zimmer 12, Nummer 78. Horvat, Elisabeth, Försterstochter, 9 Jahre alt."

In diesen ersten Worten seines Werkes liegt eingeschlossen jene furchtbare Anklage, die sich steigert bis zum Malte und seiner tragischen Ironie. „Zwei Franks für die Sterbestunde." Aus seinem eignen Geschlecht, von Eltern und Großeltern her, hat Malte eine Gewißheit, daß es früher anders war. „Sie alle haben einen eignen Tod gehabt. Diese Männer, die ihn in der Rüstung trugen, immer, wie einen Gefangenen, diese Frauen ... ja die Kinder ... starben das ..., was sie geworden wären."

„Doch in dem Panzer des Ritters drinnen,
hinter den finstersten Ringen,
hockt der Tod und muß sinnen und sinnen:
Wann wird die Klinge springen
über die Eisenhecke,
die fremde, befreiende Klinge ..."

(B. d. Bilder, 1902—1906, geschr. 1899)
Und die Frauen, die schwanger waren, trugen zwei Früchte in sich: ein Kind und einen Tod. Das gab ihnen eine „wehmütige Schönheit". Darum sagt der Dichter im Requiem von seiner Freundin:

„So starbst du, wie die Frauen früher starben,
altmodisch starbst du in dem warmen Hause
den Tod der Wöchnerinnen, welche wieder
sich schließen wollen und es nicht mehr können,
weil jenes Dunkel, das sie mitgeboren,
noch einmal wiederkommt und drängt und eintritt."

(1909)
Und nun schildert uns Malte den Tod seines Großvaters, der zehn Wochen dauerte: „Das war nicht der Tod irgendeines Wassersüchtigen, das war der böse, fürstliche Tod, den der Kammerherr sein ganzes Leben lang in sich getragen und aus sich genährt hatte. Alles Übermaß an Stolz, Willen und Herrenkraft, das er selbst in seinen ruhigen Tagen nicht hatte verbrauchen können, war in seinen Tod eingegangen." Die Großmutter ließ sich nicht drängen mit dem Tode und war eines Morgens „kalt wie Glas". Die Mutter welkte schnell ab: „Ihre Sinne gingen ein, einer nach dem andern, zuerst das Gesicht." Vielleicht stammt von dorther die Vorstellung von einem Sterbenden, der schon niemand mehr erkennen kann. „Dann stellte ich mir ein einsames Gesicht vor, das sich aufhob aus den Kissen und suchte, nach etwas Bekanntem suchte ..., aber es war nichts da." Der Vater, der Jägermeister, hatte es sich ausbedungen, daß der Herzstich gemacht würde nach dem Tode, und so macht Malte auch diese

Erfahrung. Der Vater litt viel, ehe er starb, aber „seine Züge waren aufgeräumt wie die Möbel in einem Fremdenzimmer, aus dem jemand abgereist war". Da veränderte der Tod das Spiel so, daß nun nichts den Sterbenden mehr erkennen durfte:

„Er lag. Sein aufgestelltes Antlitz war
bleich und verweigernd in den steilen Kissen,
seitdem die Welt und dieses von ihr Wissen,
von seinen Sinnen abgerissen,
zurückfiel an das teilnahmslose Jahr."

(1907, N. G., Der Tod des Dichters)
Das ist der Tod, und wir können ihn nicht fassen. Manche tragen, wie Maltes Vater, die Beschreibung einer Sterbestunde bei sich (als eine kleine Stütze für das unsichere Gefühl), manche wollen in möglichster Ordnung aufhören, wie jener im Hospital, der das falsch gesprochene Wort der Nonne erst noch verbessern mußte, und manche sterben wie Ingeborg, weil sie innerlich nicht mehr mögen; und verwirren vollends die Zurückgebliebenen. Aber eigentlich wissen wir doch nichts vom Tode, „aber ist es nicht gerade unser Eigenstes, wovon wir am wenigsten wissen? Manchmal denke ich mir, wie der Himmel entstanden ist und der Tod: dadurch, daß wir unser Kostbarstes von uns fortgerückt haben, weil noch soviel anderes zu tun war vorher ..."

„Wir wissen nichts von diesem Hingehn, das
nicht mit uns teilt. Wir haben keinen Grund
Bewunderung und Liebe oder Haß
dem Tod zu zeigen, den ein Maskenmund
tragischer Klage wunderlich entstellt."

(1907, N. G., Todes-Erfahrung)

2. Liebe und Gott

Mit dieser Ruhe, mit diesem Abgeschlossenhaben, geht Alkestis für ihren Gatten in den Tod. Denn Lieben und Sterben ist eines. Wißt ihr nicht, daß das Ehebett,

„daß jenes Lager, das da drinnen wartet,
zur Unterwelt gehört? Ich nahm ja Abschied.
Abschied über Abschied.
Kein Sterbender nimmt mehr davon. Ich ging ja,
damit das Alles, unter dem begraben,
der jetzt mein Gatte ist, zergeht, sich auflöst."

(1907, N. G., Alkestis)
Damit ist die Liebe hinausgewachsen über die einfache Geschlechtlichkeit zu einem Maße, das alles übersteigt. Wir erinnern uns der Klagen jener Liebenden, die sich beschränken mußten und das nicht ertrugen: hier sind sie wieder, die größer wurden, über sich hinaussteigend, zu mythischer Ewigkeit: Alkestis, die ägyptische Maria:

„Damals . . .
wuchs ihr frühes Hingegebensein
unaufhaltsam an zu solcher Größe . . .“

(1908, N. G.) und Magdalena, der der Auferstandene „des Rührens Vorgefühl verbot“,

„um aus ihr die Liebende zu formen,
die sich nicht mehr zum Geliebten neigt,
weil sie, hingerissen von enormen
Stürmen, seine Stimme übersteigt.“

(1908, N. G., Der Auferstandene)
Von hier fällt das blendendste Licht auf das Kommende: auf „Die Liebe der Magdalena“ (1912).
„Aus ihnen sind, unter dem Druck endloser Nöte, die gewaltigen Liebenden hervorgegangen, die, während sie ihn riefen, den Mann überstanden; die über ihn hinauswuchsen, wenn er nicht wiederkam.“
Heut sind sie müde.

„Müde unter den getürmten Haaren . . .
bei dem Heimweh und dem schwachen Planen,
wie das Leben weiter werden soll:
anders, wirklicher, wie in Romanen,
hingerissen und verhängnisvoll. —“

(1908, N. G., Damen-Bildnis)
„Sie haben Jahrhunderte lang die ganze Liebe geleistet, sie haben immer den vollen Dialog gespielt, beide Teile. Denn der Mann hat nur nachgesprochen und schlecht.“

„Doch alle klag' ich in ihm an: den Mann . . .
Wo ist ein Mann, der Recht hat auf Besitz?
Wer kann besitzen, was sich selbst nicht hält,
was sich von Zeit zu Zeit nur selig auffängt
und wieder hinwirft, wie ein Kind den Ball.“

(Requ., 1909)
Und wir erinnern uns der zornigen Abwehr des Alkaios durch Sappho

(1907), „daß sie auf der Höhe ihres Handelns nicht um einen klagte, der ihre Umarmung offen ließ, sondern um den nicht mehr Möglichen, der ihrer Liebe gewachsen war". Wir gedenken der Worte von dem „Mein"-sagen im Stundenbuch (1903), hier aber gilt alles besonders von der Stellung des Mannes zur Frau. Selbst von dem Fürsten der Liebe heißt es in „Don Juans Auswahl":

„Zwar auch du kannst wenig besser lieben,
(unterbrich mich nicht: du irrst)."

(1908, N. G.)
Aber ganz schüchtern kommt dem Malte die leise Hoffnung, daß die Männer begännen und wieder Anfänger in der Liebe würden. „Wir sind verdorben vom leichten Genuß wie alle Dilettanten und stehen im Geruch der Meisterschaft." Aber vielleicht kommen Zeiten, wo die Männer ihren Anteil auf sich nehmen. Woher kommt „das Verhängnis aller Liebesbeziehungen"? „Entschlossen und schicksalslos wie eine Ewige, steht sie neben ihm, der sich verwandelt."
Sie, die Frau, geht unberirt ihren Weg, und er, der Mann, will sie hineinzerren in die zufälligen und wechselnden Wirrnisse seines Schicksals.

„Denn das ist Schuld, wenn irgendeines Schuld ist:
Die Freiheit eines Lieben nicht vermehren
um alle Freiheit, die man in sich aufbringt.
Wir haben, wo wir lieben, ja nur dies:
einander lassen; denn daß wir uns halten,
das fällt uns leicht und ist nicht erst zu lernen."

(1909, Requ.)
Es scheint, daß es ganz besonders die Erlebnisse um das Requiem von 1909 sind, die Rilke diese deutliche Erkenntnis brachten, der er einen Tempel baut im Malte. Am Ende des ersten Buches, da scheint noch eine Liebe aufzublühen in der Weise des Zueinanderströmens ohne Rückhalt, in der naiven Art, wo eben die Liebe Stoff ist, ungeformt, Träger des Ichs. Und es klingen viel Töne der Liebe von früher: vor allem in dem unverabredeten Treffen im Parke:

„Doch alles, was uns anrührt, dich und mich,
nimmt uns zusammen wie ein Bogenstrich,
der aus zwei Saiten eine Stimme zieht."

(1907, N. G., Liebes-Lied)
Doch Abelone, die Reife, beginnt die Liebe zu formen zu etwas Köstlichem außer ihr und über ihr, und Malte bemerkt ihrer Liebe

Höhe und das Vollziehen im Großen, über ihm, wo er nicht hinreicht, „und du mußt meinen, daß sie irgendwo, wo du nicht hinreichst, sanfte Rosen brächen, die du nicht siehst“. (1899, Weise von Liebe und Tod) Abelone lernt weiter die Not der Liebe zu überstehen.

„Wer spricht von Siegen? Überstehn ist alles.“

(Requ., 1909)
Und dann singt sie das Hohe Lied der Liebe, das höchste, was uns bis heute ein Dichter gesungen:

„Du, der ich's nicht sage, daß ich bei Nacht
weinend liege ...
Eine Weile bist du's, dann wieder ist es das Rauschen,
oder es ist ein Duft ohne Rest.
Ach, in den Armen hab' ich sie alle verloren,
du nur, du wirst immer wieder geboren:
weil ich niemals dich anhielt, halt' ich dich fest.“

Es gibt Leute, die etwas von Kunst und Ethos verstehen, die in ihres Herzens geringer Sensibilität sich entrüsten über diesen Preis der Enthaltsamkeit, über dieses unrein-mönchische Lied, das alle Liebesnächte zu verurteilen scheint. Ach, daß sie ergriffen, was vor ihnen ist, statt zu suchen nach dem, was sein könnte. Hören sie nicht das Geständnis („entschlossen, breit und gedrängt“):

„Eine Weile bist du's ...“

Und wenn sie sich klammern wollen an das Mißverständnis ihrer enttäuschten Sinne, dann sollten sie zurückblättern um zehn Seiten, wo der in die Zukunft projizierte Malte, der Einsame, Stillgewordene, sinnt und an Sappho begreift, wie sehr sie im Recht war, „wenn sie wußte, daß mit der Vereinigung nichts gemeint sein kann als ein Zuwachs an Einsamkeit ... Wenn sie es verachtete, daß von Zweien einer der Liebende sei und einer Geliebter, und die schwachen Geliebten, die sie sich zum Lager trug, an sich zu Liebenden glühte, die sie verließen“.
Es sei auch nochmals mit allem Nachdruck auf die Worte des Requiems verwiesen, wo der Sinn aus den Tatsachen ohne jeden Zweifel bleibt.

„Wir haben, wo wir lieben, ja nur dies:
einander lassen ...
lieben heißt allein sein,
und Künstler ahnen manchmal in der Arbeit,
daß sie verwandeln müssen, wo sie lieben.“

(1909, Requ.)
So wächst eine Liebe hervor, die jenseits ist vom Stande des Stofflichen, „wo Säfte wollen", so wächst sie über Geschlecht und Blut hinaus in jenes seltenste Kunstwerk, das einfach Liebe ist, eine Liebe, wie sie wenige Frauen (Männer bis jetzt noch nicht) über sich hinausgehoben haben bis über Gott hinaus. Das ist keine Bejahung und keine Verneinung des Sinnlichen, es ist jenseits der Sinne. Und ist nicht vielleicht in dem Mißverständnis von Abelonens Lied eine Rebellion des Blutes, das durchaus im Leben sich gemeint wissen will? Bis über Gott hinaus geht diese Liebe. Wie heißt es noch in dem müden „Gespräch" von 1902: „Ist das nicht hoffnungslos? Immer nur bis zu Gott. Nie durch ihn durch. Nie über ihn hinaus. Als ob er ein Felsen wäre. Und er ist doch ein Garten . . . oder ein Meer oder ein Wald . . ." Und wie kann man dies Traurige lindern? Indem man anfängt am Menschen, in der Liebe. „Das muß ein Fest sein." Jeder wie ein Feldherr im leuchtenden Land (in Jerusalem, in Ägypten oder am Ganges) mit einem Heere hinter sich, das die halbe Welt bedeutet.
Wie goldbraun ist dieser Ton unter den matten, graublauen Worten des „Gesprächs", wie der Inbegriff von Feier, Heiligkeit und königlichem Stolz. Wie grell und häßlich ist das Licht, das über dieser Schloßkapelle dann zusammenschlägt.
Hier ist dunkelglühend der Eisenkern, aus dem dann im Malte das Schwert der Erkenntnis geschmiedet ist. Hier ist der Beginn: in der Liebe. Aber der Fortgang ist verschwiegen.
Was bedeutet das, über Gott hinaus? „Daß Gott nur eine Richtung der Liebe ist, kein Liebesgegenstand." Gott ist kein Ziel, das man erreicht, wie einen Pfahl im Wettlauf: dieser Lauf hat kein Ende. Schon war im Stundenbuch diese Richtung erkannt, daß Gott eine Zukunft ist, das Dunkel, in das alles sich löst, das Meer, in das alles ergießt. Warum mag denn vielen die Kurve Rilke als eine absteigende seit dem Stundenbuch erscheinen? Weil sie noch Anreizungen ihrer Gefühle erwarteten (denn so nahmen sie das Stundenbuch), weil sie eine Phantasie des Zieles erhofften, statt zu verstehen: das ist die Richtung. Sie waren wie in der Pause vorm fünften Akt und vergaßen, wie sich Gott schon immer mehr verbildlicht hatte in den „Geschichten vom lieben Gott" und in die Gegensätze, das Dinghafte und Unscheinbare niedergeschlagen war. Denn sie sahen diese Geschichten als Vorbereitung zum Stundenbuch an, während sie doch schon weiter wiesen zu dem „Reich Gottes" der Neuen Gedichte. Ob nicht so etwa Meilensteine gesetzt werden könnten? Liebe zu dem einzigen Menschen, also höchste Liebe, führt zum Lassen-

können, zur letzten Freiheit auch von dem Geliebtesten — diese Liebe erblüht nun in der allgemeinen Richtung auf das Alles, und hinter diesem All, hinter den Dingen (denn das ist das Alles) steht als Schweigen Gott. Aber als ewige Stille, an die kein Wort reicht. Da ist die Legende dessen, „der nicht geliebt werden wollte", die Geschichte des verlorenen Sohnes. Den Äußerlich-Schwachen, der dennoch sein Leben lebt nach seines Herzens Bestimmung, will die Liebe der andern abdrängen von seinem Wege, diese verfluchte Liebe, die so unsägliches Leid den Kindern bereitet. Denn sie ist Liebe mit dem Zusatz des Zwanges, sie lieben den andern zu ihrem bewußten oder unbewußten Wunsch. Das sind die Geleise der Tradition und der Gesellschaft, mit den Pappgefühlen dekoriert und den im Regen verlaufenen Wimpeln und Fahnenmasten, für jeden, der diese Straße unter dem Beifall der Familie reitet. Das ist ja alles weiter nichts als nackteste Selbstsucht unter dem Vorwand eines andern. Oh, wer schreibt uns das Buch, das die Kraft hat, dieses Gift in den Adern unseres Volkes zu neutralisieren, dieses Gift, das unsere Familien zerfrißt! O ja, es ist alles „Liebe" — aber Liebe ohne Freiheit, ohne Lassenkönnen, ohne auch den äußersten Verzicht auf eigenen Gewinn: nicht einmal in der Liebe, im Stolz oder irgendeinem anderen Gefühl.

Die Legende dessen, der nicht geliebt werden wollte! Der Mythos Rilkes. Man könnte alle Züge dieser Legende transponieren auf das Leben Rilkes und würde sie damit nur zerbrechen und den Sinn abschütteln wie die Blätter vom Mohn. Nur das eine stelle ich heraus, weil es so hell macht.

„Er vergaß Gott beinah über der harten Arbeit, sich ihm zu nähern . . . nun verlor, selbst was an Lust und Schmerz notwendig war, den gewürzhaften Beigeschmack und wurde rein und nahrhaft für ihn . . . Er ging ganz darin auf, zu bewältigen, was sein Binnenleben ausmachte, er wollte nichts überspringen, denn er zweifelte nicht, daß in alledem seine Liebe war und zunahm." Und darum sucht er seine Heimat auf, um gleichsam seine Kindheit, die er nur „durchwartet" hatte, nachzuholen im Überstehen. Und wie in der Jugend umwucherten ihn wieder die Mißverständnisse der andern, er lächelte jetzt fast. „Er war jetzt furchtbar schwer zu lieben, und er fühlte, daß nur einer dazu imstande sei. Der aber wollte noch nicht." Und er wird nicht genannt: Gott.

Es ist ein diskretes Schweigen von Gott im Malte. Nun ist die Stille. Nur ganz selten, im Bericht von andern, taucht sein Name auf. Der Vater ist höflich korrekt, die Mutter ist voll Sehnsucht nach einer großen deutlichen Hingabe. Da sind die Heiligen, „die gleich mit Gott anfangen". „Wir ahnen, daß er zu schwer ist für uns, daß wir ihn hinausschieben müssen, um langsam die lange Arbeit zu tun, die uns von ihm trennt."

„Aber der Weg zu dir ist furchtbar weit
und, weil ihn lange keiner ging, verweht.
O du bist einsam. Du bist Einsamkeit,
du Herz, das zu entfernten Talen geht."

(1901, Stundenbuch)

Dann sind diese Abseitigen, der Mann, der die Vögel in unendlich rührender Geduld füttert, — bei denen Gott gleichsam hervortritt. Denn hinter diesem wird das Schweigen Gott so groß, daß Malte wie überwältigt und entsetzt ist: „Mein Gott, fiel es mir mit Ungestüm ein, so bist du also. Es gibt Beweise für deine Existenz." Aber, wie verlegen, daß er dies Schweigen fast gestört, gibt er eine linkische Wendung, als ob es sich um den Mantel des Bettlers handelt, auch den eignen so zu tragen wie der Bettler. Dann schreibt er einmal an den Rand wie Gedanken, die eigentlich nicht laut werden dürften: „Laßt uns doch aufrichtig sein, wir haben kein Theater, so wenig wir einen Gott haben; dazu gehört Gemeinsamkeit."

„Denn jedem wird ein andrer Gott erscheinen,
bis sie erkennen, nah am Weinen,
daß durch ihr meilenweites Meinen,
durch ihr Vernehmen und Verneinen,
verschieden nur in hundert Seinen
ein Gott wie eine Welle geht."

(Stundenbuch, 1899)

Solche Melodie summt dort, im Malte, leise auf, um schon in der schüchternen Beiseitesetzung zu ersterben. Und dann steht trotz aller Vorsicht Gott auf allen letzten Seiten des Malte, er taucht auf hinter Abelonens Lied und überscheint alles bis zu den letzten Worten, die ihn im Verschweigen nennen. Abelone mit den großen Konturen einer Liebenden wie Magdalena: wie ist Gott Atmosphäre um sie! Nicht Christus, der Helfer der Schwachen, das Unrecht den Starken, er, der die Unendlichkeit verdirbt durch die Nähe und Stärke seiner Gluten. Sondern Gott.

Und somit lassen zum Schluß die Wortwerke Rilkes wie die Gestalten Rodins auf dem Turm mit all ihren Berührungen durch das Medium der Luft, der Atmosphäre, diese selber, die Atmosphäre, deutlich werden — ich erinnere an das Gleichnis in der Einführung — und dies Verbindende, diese Atmosphäre, die „Berührungen aus der Ferne" schafft, ist für das Zerstreutsein in den Neuen Gedichten und im Malte: Gott. Was für Goethe die Idee ist, für Rodin die Luft, ist für Rilke: Gott. Das, was schweigend dahinter ist.

NACHRUF[*])

„O alter Fluch der Dichter,
die sich beklagen, wo sie sagen sollten,
die immer urteil'n über ihr Gefühl
statt es zu bilden; die noch immer meinen,
was traurig ist in ihnen oder froh,
das wüßten sie und dürften's im Gedicht
bedauern oder rühmen. Wie die Kranken
gebrauchen sie die Sprache voller Wehleid,
um zu beschreiben, wo es ihnen wehtut,
statt hart sich in die Worte zu verwandeln,
wie sich der Steinmetz einer Kathedrale
verbissen umsetzt in des Steines Gleichmut."

Das ist die Absage an die alte Zeit mit ihrer romantischen Poesie, das ist das Programm der neuen Zeit, der sachlichen Kunst, das Rilke im Requiem für Wolf Graf von Kalckreuth 1909 aufstellt. Und um dieselbe Zeit gibt Rilke sich Rechenschaft über sein eigenes Tun; im „Malte Laurids Brigge", dieser leicht verschleierten Selbstanalyse, schreibt er 1910: „Verse sind nicht, wie die Leute meinen, Gefühle (die hat man früh genug) —, es sind Erfahrungen. Um eines Verses willen muß man viele Städte sehen, Menschen und Dinge . . ." und ausführlich spricht er von all den Erfahrungen und Erinnerungen, die not tun: „und es genügt auch noch nicht, daß man Erinnerungen hat. Man muß sie vergessen können, wenn es viele sind, und man muß die große Geduld haben, zu warten, daß sie wiederkommen. Denn die Erinnerungen selbst sind es noch nicht. Erst wenn sie Blut werden in uns, Blick und Gebärde, namenlos und nicht mehr zu unterscheiden von uns selbst, erst dann kann geschehen, daß in einer sehr seltenen Stunde das erste Wort eines Verses aufsteht in ihrer Mitte und aus ihnen ausgeht." (I, S. 24 und S. 26)
Diese neue Sachlichkeit, mit der die Literatur des 20. Jahrhunderts beginnt, wurzelt in einer neuen Einstellung allem Geschehen, allen

[1]) Aus der Zeitschrift „Die Lesestunde" vom 1. Februar 1927.

Dingen gegenüber, wurzelt in einem neuen mystischen Gotterleben. Rilke nimmt alles so eigentlich wie ein Kind, und alles, was die Erwachsenen an Werturteilen hinzusetzen, hat er völlig vergessen: „Auswahl und Ablehnung gibt es nicht". Dies Bewußtsein der Brüderlichkeit mit allen Dingen, Tieren, Menschen macht ihn zu einem Nachfahren Meister Eckehards und des Franziskus von Assisi. Doch ist das mehr als ein Gefühl: es ist ein Erlebnis, es ist ein exaktes Wahrnehmen, geläutert durch ein Jahrhundert naturwissenschaftlicher Forschung. Eine vollendete Synthese von Ratio und Mystik. (Darum gab auch Bölsche von Angelus Silesius den „Cherubimischen Wandersmann" heraus, darum lesen wir heute Haeckels Reisebriefe und Jakob Böhmes „Morgenröte" mit Entzücken.)

„Alles will schweben. Da gehn wir umher wie Beschwerer,
legen auf alles uns selbst vom Gewichte entzückt;
o was sind wir den Dingen für zehrende Lehrer,
weil ihnen ewige Kindheit glückt.
Nähme sie einer ins innige Schlafen und schliefe
tief mit den Dingen —; o wie käme er leicht,
anders zum anderen Tag, aus der gemeinsamen Tiefe."

(Sonette an Orpheus 1923)

„Aus der gemeinsamen Tiefe" — aus diesen letzten Quellen steigt Leben in alles und stößt Leben vor zu der letzten Form und gibt Leben allem das tägliche Gesicht. Früher gab es Stoffe, die das Vorrecht hatten, poetisch zu sein: Frühling, Nachtigall, Liebe, Abend Schmerz — nun ist alles in gleicher Möglichkeit, gleiche Kraft umfaßt jegliche Gestaltung: die Demokratie der Dinge. Ob das ein drehendes Karussell ist oder eine aufsteigende Treppe; ein Ball, den ein Kind in die Luft wirft, oder eine alte Figur am Turm — ob ein Federhalter oder der Deckel einer Blechbüchse — „Auswahl und Ablehnung gibt es nicht". An dieser Kunst scheiden sich die Geister —

„sie lassen, voller Takt, uns ungestört
das Leben leben, wie wir es begreifen
und wie sie's nicht verstehn. Sie wollten blühn,
und blühn ist schön sein; doch wir wollen reifen,
und das heißt dunkel sein und sich bemühn."

(Im Saal, Neue Gedichte I, 1907)

Es gibt keinen unserer Dichter, der diesen Weg zur Reife durch soviel Mühe und Dunkel gegangen wie Rilke; es gibt keinen, der allem ein gleicher Fremdling wurde wie Rilke — um alles zu besitzen:

„und dies alles immer unbegehrend
hinzulassen, schien ihm mehr als seines
Lebens Lust, Besitz und Ruhm.
Doch auf fremden Plätzen war ihm eines
täglich ausgetretenen Brunnensteines
Mulde manchmal wie ein Eigentum."

(Der Fremde, Neue Gedichte II, 1908)

Es gibt keinen unserer Dichter, der sich seiner selbst in gleicher Weise entäußerte, der so die „Entwerdung" erlebte — um mit den Mystikern zu sprechen — um in seinem Wesen fast transparent derart die Fülle der Dinge hindurchschimmern zu lassen.

Und so ging er hinüber — dieser leidenschaftliche Liebende, dieser Liebhaber des Todes und der Einsamkeit — so ging er hinüber, sich weitergebend, „an das Alles". Dieser Rilke der letzten zwanzig Jahre ist unserm Volk fast ein fremder geblieben. Man kannte den frühen Rilke mit seinen entzückend musikalischen Versen, man kannte die „Weise von Liebe und Tod" und hörte sie immer wieder rezitieren; unsere jungen Menschen hatten das „Stundenbuch" und das „Buch der Bilder" neben ihren Betten liegen, und man stieg den steilen Flug von Rilkes kaskadengleich aufsteigenden Rhythmen hochgerissen mit — aber der Rilke der Reife und der unerhörten Sachlichkeit blieb den meisten unbekannt. Das ist die Welt der „Neuen Gedichte" (1907—08), des „Malte Laurids Brigge" (1910), der „Sonette an Orpheus" und der „Duineser Elegien" (beides 1923).

Ich erinnere einen Abend, an dem Kainz aus den „Neuen Gedichten" sprach. Er hatte Schillers „Hero und Leander" heruntergerasselt, und der Saal brüllte Beifall, er gab dann einige Stücke aus Rilkes neuen Gedichten, er gab's vollendet — und der Saal schwieg. Man begriff nicht recht.

Ich erinnere den Spott, den manche pittoreske Wendung des jungen Rilke bei zünftigen Literaturgewaltigen hervorrief — und damit blieb er bei ihnen festgelegt und abgestempelt.

Noch heute herrscht ein ungeheures Mißverständnis über ihn, man rubriziert ihn unter „Neuromantik" in der Gegend von Hofmannsthal, man hält ihn für einen Kaffeehausliteraten und Bohémien, man gibt ihm einige halb anerkennende Titulaturen — ohne doch eine Ahnung zu haben, daß hier etwas schlechthin Neues beginnt: gerade die unromantische, die sachliche Kunst (und in gewissem Sinne war bisher alle Kunst — bis auf wenige Ausnahmen — romantisch: Verneinung der bürgerlichen Welt, also nur die „andere"

Seite). Schon vor zwanzig Jahren wollte ich ungeduldig werden und bangte, es könnte geschehen, daß ihn gerade die nicht verstünden, denen er fast eine neue Sprache entdeckte: die Deutschen.
Aber langsam hat Rilkes Werk sich bei allen Wissenden in Europa durchgesetzt; denn dieser Mann war Europäer. Er gehörte zu der Familie der Lessing, Goethe, Humboldt, Nietzsche. Er hat die weiten russischen Steppen durchwandert und wurde heimisch in der slawischen Welt — und in seinem Blut sprach die Stimme dieser unendlichen Ebenen; Tolstoi war ihm nah und ebenso Auguste Rodin, dessen Schaffen er uns lebendig machte wie keiner, und am Schlusse seines Lebens schrieb er Gedichte und Erzählungen in französischer Sprache. Mit Jakobsens Art ist er seelisch verwandt, und ein Hermann Bang hat wie Rilke unter dem Einfluß der Persönlichkeit Rodins gestanden (vergleiche den Roman „Michael"). Und dann muß man Kleist nennen, wenn man von Rilke spricht. Kleists Novellen mit ihrer unerbittlichen Tatsächlichkeit, Kleists Sprache voll gehämmerter Schärfe, Kleists Liebe zum Marionettentheater — von all dem wirkt etwas in Rilke weiter oft bis zur Wahl ähnlich aufschreckender Bilder.
Aber Rilke zersprang nicht, im Leid des Vaterlandes zerbrechend, Rilke harrte aus bis ans Ende:

„Die großen Worte aus den Zeiten, da
Geschehn noch sichtbar war, sind nicht für uns.
Wer spricht von Siegen: Überstehn ist alles."

(Requiem 1909)
Ja, mehr noch als Ausharren: er verwandelte sich, er setzte sich um ins Werk, seine letzte Sehnsucht gewann Wort und Gestalt. Und er weitete sein Wesen bis in die Unendlichkeit und war eins mit allem „in der gemeinsamen Tiefe".
Und er ist einer von den ganz wenigen, der ein Meister des Wortes ist, ein Könner; in unserem Volke sind so viele guten Willens, und wir nehmen den guten Willen für Kunst; aber hier ist wahrhaft ein Vollbringer —.

„Errichtet keinen Denkstein. Laßt die Rose
nur jedes Jahr zu seinen Gunsten blühn.
Denn Orpheus ist's. Seine Metamorphose
in dem und dem. Wir sollen uns nicht mühn
um andre Namen. Ein für alle Male
ist's Orpheus, wenn es singt. Er kommt und geht.
Ist's nicht schon viel, wenn er die Rosenschale
um ein paar Tage manchmal übersteht?

Oh, wie er schwinden muß, daß ihr's begrifft!
Und wenn ihm selbst auch bangte, daß er schwände.
Indem sein Wort das Hiersein übertrifft,
ist er schon dort, wohin ihr's nicht begleitet.
Der Leier Gitter zwängt ihm nicht die Hände.
Und er gehorcht, indem er überschreitet."

(Sonette an Orpheus 1923)

„Sei allem Abschied voran."
Rilke

RAINER MARIA RILKE UND WIR

(1875—1926)

EIN GEDENKBLATT ZU SEINEM FRÜHEN TODE

Wie verdrängt aus dem Bewußtsein unzähliger Zeitgenossen ist das Wesen und das Werk dieses deutschböhmischen Dichters, der in aller Stille den letzten Weg gegangen ist. Manchen ist er in der Erinnerung wie eine Sache des raffinierten Luxus, wie eine Delikatesse für seelische Feinschmecker. Welch ungeheures, ja tragisches Mißverständnis damit gegeben ist, bedarf nicht der Erläuterung für den, der diesen Einsamen und von seinem Volk fast Verleugneten mit verstehender Liebe begleitet hat. Aber breit und giftig liegt der Schwaden dieser Verkennung, dieser Fremdheit zwischen Volk und Dichter. Rilke gilt als Dichter neuromantischer Art, als Dichter für die tausend Geistigsten, für die überbildetsten Söhne des Volkes, für die Schwermütigen und Ästhetischen, die vor des Lebens rauher Berührung, die vor der Verpflichtung des Alltags nervös zurückschaudern. Solches wagt man dem nachzusagen, der in seinem Requiem für Wolf Grafen von Kalckreuth (den Sohn des Malers, der sich selbst das Leben nahm) schreibt:

„. . . ja hätte nur dein Weg
vorbeigeführt an einer wachen Werkstatt,
wo Männer hämmern, wo der Tag sich schlicht
verwirklicht; wär' in deinem vollen Blick
nur so viel Raum gewesen, daß das Abbild
von einem Käfer, der sich müht, hineinging:
du hättest . . ." (1909)

Aber es genügt nicht, gegen dies Mißverständnis zu protestieren, gegen diese Abkapselung in den Literaturgeschichten, wo man ihn klassifiziert und in die Gegend um Hofmannsthal bringt und mit der

Gebärde des Kaffeehaus-Bohémiens festhält — wo man *alles* tut, um mißzuverstehen, es genügt das nicht, sondern es muß sein Wesen im Grunde erkannt und gezeigt werden, und dann wird von selber deutlich, warum ihn die Literaturgeschicht[illegible]en verkennen müssen. Unsere gesamte Literatur war in einem tiefen Sinne bis zum Beginn des 20. Jahrhunderts romantisch und sentimental. „Romantisch" hat eigentlich keinen Selbstsinn, sondern ist nur ein Gegensatz, der Gegensatz zu „Bürger". War der Bürger lokalpatriotisch, teutsch, blondes Gretchen und guter Hans, der Kornblumen sucht (das Schönste sucht er auf den Fluren), dann war der Romantiker weltfühlend, bei allen Völkern zu Hause, voller Sehnsucht nach Indien, Mignon, Peregrina. War der Bürger weltbürgerlich-rationalistisch, französelnd, klassizistisch, dann war der Romantiker patriotisch-national, teutsch, gotisch verzückt. War das Bürgertum auf Gelderwerb aus, technisch-maschinell gehetzt, in Staub und Alltag häßlich, dann lebte der Romantiker auf seligen Inseln mit harmonischen Gestalten in edlen Gewändern und erlauchten Gebärden, in ewiger Schönheit. *Ja*, wandte sich das Bürgertum mit Interesselosigkeit von Armut und Elend fort und ging zur Tagesordnung des täglichen Profites über, dann entrann dem Romantiker die Zähre des Mitleids, er verweilte bei Armut und Laster und wurde „sozial" mit elegischer Gebärde. Im Grunde sind beide Formen *notwendige* Ergänzungen, Ergänzungen zur Totalität der Bourgeoisie. Und oft verteilte sich die Arbeit und die Haltung in rührender Weise innerhalb *einer* Familie, *einer* Ehe: der *Mann* war der Bürger, die *Frau* die Romantik; Stinnes spekulierte auf Kanonen, seine Frau dichtete Pazifismus. *Er* macht die Profite, *sie* den Wohltätigkeitsbasar. *Er* spekuliert an der Börse, *sie* atmet in Schönheit, und ihr Fuß darf nicht Grobheit des Bodens erspüren, sie wandelt auf Smyrnateppichen und hält vor schwarz-samtnem Gewande das violett gebundene, archaisch gehaltene Werk von Stefan George, „Den siebenten Ring". Das literarische Landstreichertum vom „Taugenichts" an und von mondbeglänzten Zaubernächten bis zu „Kaja" und erotischen Sommernächten, von den Salons der Karoline bis zu den Kaffeehausbohémiens, zu denen einst der junge Rilke zählte, die Jugendromantik vom Wartburgfest 1817 bis zum Hohen Meißner 1913 — alles hat seinen Wert nur als Gegensatz, es ist die „*andere*" Wertskala, im Grunde nur die Verneinung der „*einen*". Diese Werte wohnten den Handlungen, den Situationen, den Dingen *an sich* inne. Zwei Liebende beim Sternenschimmer am Brunnen sind ein für allemal „lyrisch"; der Herr, der dem Bettler ein Trinkgeld gibt — zumal wenn der Bettler blind ist, das ist ohne weiteres eine „rührende

Szene"; Liebe und Trompetenblasen sind ganz gewiß „poetisch", und gar der Mond, die Rose oder die Nachtigall — —; und eine „romantische Tragödie" entsteht, wenn ein Kaiser in Büßertracht vor der Burg Canossa steht, oder wenn's donnert und blitzt und ein schwarzer Ritter versinkt, oder wenn das geschminkte Kind im Zirkusspiel lächelt und hinter den Kulissen die sterbende Mutter weiß. Jedes Ding, jeder Tatbestand hatte seinen Wertstempel — das, was der Bürger nicht gebrauchen kann, ist „romantisch", und was der Romantiker nicht verstehen kann, ist „bürgerlich". Alltag und Poesie — oft in lieblicher Verbindung wie bei Frau Jenny Treibel.

Rilke begann als Romantiker — und da brach um die Wende des Jahrhunderts in ihn das große Gotteserleben ein — und alles wurde nichts, alle Romantik verwelkte, und er schmolz ein in das glühende Zentrum des Alls. Nicht katholisches Mysterium wurde und nicht ein ekstatisches Verzücktsein (so sehr auch katholische Kirche und ekstatische Visionen der großen Heiligen in seiner Jugend und in seinem Verstehen enthalten sind), sondern jenes Innerlichsein und Stillesein, was in den eigentlichen Weltbewegern seit Platon, Jesus und Plotin gewesen ist, was immer wieder wunderbar erblüht bei Sebastian Frank und bei Jakob Böhme, bei den Quäkern und den Levellern, was keineswegs beschauliches Selbstgenießen heißt, sondern was da heißt: ein Tätiger sein und ein Fremdling, ein großer Liebender und ein Vorurteilsfreier. Und plötzlich sah Rilke alles um sich neu — und es ward neu. Und kein Ding hatte mehr seinen romantischen Bürgerpoststempel, sondern alles war gleich und irgendwie ein Abglanz von Gott — ob es war ein steigender Ball oder eine Katze, ein Karussell oder ein Karren, ein König oder ein Panther im Käfig, ein Blechdeckel, der zur Erde kollert, oder köstliche Teppiche mit archaischen Mustern; alle Menschen wurden auf einmal gleich in der Liebe: die Mädchen und Maria und die Aussätzigen und die Dirne.

Hier bei Rilke beginnt in Deutschland eine unsentimentale, unromantische Kunst. Hier endet die bürgerliche Krise, hier wird Kultur. Hier ist die Demokratie der Dinge. Hier ist die Gleichartigkeit vorm Ewigen. Hier ist die sachliche Liebe, die frei von Pose und Gerührtsein, immer gut, unbelastend und wahrhaft helfend ist. Hier ist überall Heimat und überall Fremde, weil Gott in allen Völkern wohnt. Hier ist die Losgelöstheit, der nichts mehr geschehen kann, denn es ist kein Leid, das er nicht erlitten, es ist kein Schmerz, den er nicht vorweg getragen — und er wurde nicht hart, nicht stumpf, nicht bitter.

„Sei allem Abschied voran, als wäre er hinter
dir, wie der Winter, der eben geht.
Denn unter Wintern ist einer so endlos Winter,
Daß, überwinternd, dein Herz überhaupt übersteht." (1923)

Nicht in dröhnenden Donnerworten kam der Gott der Zukunft, sondern in Rilkes stillen, sanften Weisen. Lärmen ist noch nicht Kraft, und die ungeschickte Gebärde, die Fensterscheiben zertrümmert, ist noch nicht Revolution. Die eigentliche Revolution geschieht im Lautlosen, ganz tief im Innern:

„wir vergessen so leicht, was der lachende Nachbar
uns nicht bestätigt oder beneidet. Sichtbar
wollen wir's heben, wo doch das sichtbarste Glück uns
erst zu erkennen sich gibt, wenn wir es innen verwandeln.
Nirgends, Geliebte, wird Welt sein, als innen. Unser
Leben geht hin mit Verwandlung. Und immer geringer
schwindet das Außen. —"

(Duineser Elegien 1923)

INHALT

www.ingramcontent.com/pod-product-compliance
Ingram Content Group UK Ltd.
Pitfield, Milton Keynes, MK11 3LW, UK
UKHW042009190726
13854UKWH00005B/2219